In der gleichen Reihe erschienen:

Multi-Media Campus
ISBN 3-89623-207-X

Chef-Checkliste Internet
ISBN 3-89623-146-4

Online-Strategien
ISBN 3-89623-246-0

Erfolgreicher E-Commerce
ISBN 3-89623-192-8

**Praxis-Checkliste
Marketing Datenbank**
ISBN 3-89623-188-X

Wir freuen uns über Ihr Interesse an diesem Buch. Gerne stellen wir Ihnen kostenlos zusätzliche Informationen zu diesem Programmsegment zur Verfügung. Bitte sprechen Sie uns an:

**E-Mail: metropolitan@walhalla.de
http://www.metropolitan.de**

Metropolitan Verlag, Uhlandstraße 44, 40237 Düsseldorf,
Telefon: 02 11 / 6 80 42 11, Telefax: 02 11 / 6 80 20 82

Christa van Winsen

E-Training:
Weiterbildung aus dem Netz

Mit den besten Adressen
zur Höherqualifikation

METROPOLITAN VERLAG

METROPOLITAN *professional*

Die Deutsche Bibliothek – CIP-Einheitsaufnahme

van Winsen, Christa:
E-Training : Weiterbildung aus dem Netz ; Mit den besten
Adressen zur Höherqualifizierung / Christa van Winsen. –
Düsseldorf ; Berlin : Metropolitan 2000
(Metropolitan professional)
ISBN 3-89623-205-3 (Metropolitan-Verl.)
ISBN 3-8029-0205-X (Walhalla-Fachverl.)

Zitiervorschlag:
Christa van Winsen,
E-Training: Weiterbildung aus dem Netz
Düsseldorf, Berlin 2000

© Metropolitan Verlag, Düsseldorf/Berlin
Alle Rechte, insbesondere das Recht der Vervielfältigung
und Verbreitung sowie der Übersetzung, vorbehalten. Kein
Teil des Werkes darf in irgendeiner Form (durch Fotokopie,
Datenübertragung oder ein anderes Verfahren) ohne
schriftliche Genehmigung des Verlages reproduziert oder
unter Verwendung elektronischer Systeme gespeichert,
verarbeitet, vervielfältigt oder verbreitet werden.
Umschlaggestaltung: Gruber + König, Augsburg
Druck und Bindung: Westermann Druck Zwickau GmbH
Printed in Germany
ISBN 3-89623-205-3 (Metropolitan Verlag)
ISBN 3-8029-0205-X (Walhalla Fachverlag)

Schnellübersicht

Wenn die Zukunft die Gegenwart
überholt 7

1 Lernen – eine lebenslange
Herausforderung 11

2 Lernwelten der Zukunft 27

3 Lernpartner Computer 39

4 Die Global Players machen's
vor! 57

5 Dem nächsten Wissensbaustein
auf der Spur 79

6 Klicken Sie sich klug –
mit dem WWW! 99

7 Wichtig zu wissen 147

8 „Last Minute"-Adressen 168

Literaturhinweise 172

Stichwortverzeichnis 174

„Du bist, was du weißt."
(Werbespruch des Fernsehsenders CNN)

Wenn die Zukunft die Gegenwart überholt

Ein Buch über E-Training mit dem Schwerpunkt „Netzgestütztes Lernen" zu schreiben, also über virtuelle Aus- und Weiterbildungsmöglichkeiten mit Hilfe moderner Datenautobahnen, heißt, ein Informationsbündel zu schnüren, das kurz nach der Drucklegung in Teilen vielleicht schon nicht mehr aktuell ist.

Nun umfasst der Begriff E-Training zwar sehr viel mehr als nur das so genannte Web-based Training. Aber gerade dieser Bereich des multimedialen Lernens ist für Menschen, die möglichst jederzeit und an jedem Ort an wichtige Informationen und Weiterbildungsbausteine kommen wollen oder gar müssen, besonders interessant und hilfreich. Und genau hier erleben wir, wie das ist, wenn die Zukunft die Gegenwart überholt: Kursangebote, die als Vorankündigung im Internet auftauchten, waren, noch bevor sie tatsächlich zu buchen waren, schon virtuelle Makulatur.

Ein Artikel vom letzten November, in dem der Autor behauptet hat, Web-based Training, das sei „viel Lärm um nichts", weil das allermeiste, was da entwickelt werde, gar nicht für den freien Markt gedacht sei, erschien just, als es nur so gewuselt hat von Angeboten über Online-Kurse und virtuelle Studiengänge für jedermann im Cyberspace. Ob der Autor nun denkt wie einst Adenauer: „Was kümmert mich mein Geschwätz von gestern!?" Nach der diesjährigen Millenniums-Cebit war eben alles wieder ganz neu, ganz anders und noch viel spannender.

Vorwort

Das Internet – ein Chaos an Informationen oder mehr?

Zu diesem Thema im Internet recherchieren ist abenteuerlich. Das Netz der Netze: eine Fundgrube und ein Friedhof zugleich. Der Markt der netzgestützten Weiterbildungsmöglichkeiten entwickelt sich zur Zeit dynamisch. Irgendwann aber musste Schluss sein mit dem Sammeln von Fakten und Meinungen. So mag es vorkommen, dass die eine oder andere der vielen Internet-Adressen, die wir in diesem Buch veröffentlichen, für Sie eine Irrfahrt auf der Datenautobahn ergibt. Möglicherweise hat der Anbieter bis dahin eine neue Domain, oder die mit dieser Adresse versehene Website ist nicht mehr im Netz.

Um solche ärgerlichen Ausflüge möglichst gering zu halten, leiten unsere Internet-Adressen überwiegend auf die Indexseiten der Websites von Kursanbietern, Universitäten oder Fernlehrinstituten.

Was Sie in diesem Buch erwartet

Was den Weiterbildungswilligen allerdings schon zur Verfügung steht, ist eine wachsende Zahl an Recherche-Instrumenten: moderne Internet-Suchmaschinen, Bildungsserver und Web-Sortimenter. Wir haben diesen Helfern in Sachen E-Training ein eigenes Kapitel gewidmet, das es allen Lesern erleichtert, im Dschungel des Angebots immer wieder fündig zu werden und nicht allzu viele Frusterlebnisse zu haben.

Die unüberschaubare Fülle schwemmt nämlich Vielversprechendes wie Enttäuschendes heran, gerade bei den virtuellen Weiterbildungsangeboten. Nicht alles, was sich Online-Kurs nennt, ist auch ein solcher. Auch Qualitätsunterschiede sind nicht so leicht auf Anhieb zu erkennen. Und Bewertungs- beziehungsweise Empfehlungslisten müssen erst noch erarbeitet und ins Netz gestellt werden. Allgemein gültige internationale Qualitätsstandards für die multimediale, netzgestützte Weiterbildung gibt es ebenfalls noch

Vorwort

nicht. Dass zumindest aber die in Deutschland angebotenen allgemein- oder berufsbildenden Fernlehrgänge mit Abschlusszertifikat ein hohes Qualitätsniveau erreichen, dafür sorgt die Staatliche Zentralstelle für Fernunterricht mit ihrem Prüfsiegel für Lehrgänge mit anerkanntem Abschluss.

Einige sehr engagierte Internet-Weiterbildungs-Pioniere kommen in diesem Buch immer wieder zu Wort. Ich möchte ihnen, stellvertretend für alle, die mir bei der Erarbeitung geholfen haben, an dieser Stelle danken: Ulrich Bernath und Frank Busch, Joachim Hasebrook, Michael Müller und K. Peter Sprinkart. Sie haben mir geholfen, Gegenwärtiges besser einschätzen zu können und zu erkennen, in welche Richtungen die Entwicklung künftiger Bildungsangebote und Lernprogramme gehen wird und welche herausragende Rolle E-Training, vor allem das Online-Learning dabei spielt.

Dieses Buch öffnet allen Interessierten den Blick auf die fantastischen Möglichkeiten netzunterstützten multimedialen Lernens. Aber die Gültigkeitsdauer der darin aufgeführten Wegweiser ist einfach begrenzt. Das bitte ich zu bedenken. Die Lernwelten der Zukunft sind mit dem gepflegten bundesdeutschen Bildungspark der Vergangenheit nicht gleichzusetzen. Sie sind weniger einem ordnenden als dem chaotischen Prinzip verhaftet und verlangen von den Lernwilligen die Bereitschaft, sich auf rasante Veränderungen einzustellen. Aber das ist inzwischen ja ohnehin das Gebot der Stunde – egal welcher.

Christa van Winsen

Lernen – eine lebenslange Herausforderung

1

Beste Chancen für die Zukunft 12

Fit in der Wissensgesellschaft 13

Lernen „on demand" und
„just in time" 16

Rund um die Uhr – rund um die Welt . . 20

Interaktiv und multimedial 21

Knowledge Management für alle 24

Beste Chancen für die Zukunft

Lernen ist mehr denn je ein zukunftsbestimmender Faktor für jeden Einzelnen von uns und für die Organisationen im Gesamten. Qualifikation ist gefragt, ein breiter Kompetenzfächer wird verlangt. Möglichst gut informiert immer auf dem neuesten Stand sein, ist Voraussetzung für Erfolg in diesem Leben. In der sich rasch wandelnden Wirtschaft sind beständiges Lernen und eine nahezu unbegrenzte Lernfähigkeit der Mitarbeitenden und der Führungsriegen die wichtigste Voraussetzung überhaupt, um auf den sich rasch wandelnden Märkten erfolgreich mithalten zu können. Für ISO-zertifizierte Unternehmen ist es ohnehin integrativer Bestandteil der Prozesse. Und Verwaltungen, die sich dem Primat des Wissensmanagements und des Lernens als Querschnittsaufgabe nicht beugen, werden zu sklerotischen Systemen, die ihren Aufgaben in einem modernen Staat immer weniger gerecht werden. Sie brechen unter der Last, den gesellschaftlichen Wandel mit flexiblen Rahmenbedingungen zu ermöglichen, zusammen. Solches muss durchaus befürchtet werden. Mancherorts ist es bereits zu beobachten.

Man kann schwindelig werden bei all dem Neuen, was auf uns zukommt was wir erfassen und begreifen, verarbeiten und anwenden sollen. Problemlösungs-, Lern- und Denkfähigkeit zählen zu den absoluten „Schlüsselqualifikationen", die in unzähligen Seminaren und Weiterbildungskursen trainiert werden. Die eindringliche Forderung nach lebenslangem Lernen ist freilich nicht allein eine Herausforderung. Sie stellt auch eine wirklich große Chance dar, bis ins hohe Alter agil zu bleiben und auf dem Lebensweg sehr viel und ganz Unterschiedliches kennen zu lernen und damit beweglich zu bleiben. „Was Hänschen nicht lernt, lernt Hans nimmermehr", dieser Spruch aus fernen Kindertagen stellt ein Relikt der vorgestrigen Welt dar. Heute muss es heißen: „Was Hänschen lernt, reicht Hans nimmermehr" – und das gilt selbstverständlich auch für Ännchen und die erwachsene Anna, also für Männer und Frauen gleichermaßen.

Fit in der Wissensgesellschaft

Niemand muss sich dabei an die Schrecken der Kindheit und Jugend erinnern: an langweiliges Stillsitzen und hartnäckiges Pauken von Fakten, die später niemals mehr abgefragt wurden; an bisweilen boshafte Lehrer oder Lehrerinnen, die mit ihrer Defizitorientierung auch noch das letzte Restchen Spaß am Lernen auszutreiben versuchten – häufig erfolgreich.

Die Lernwelten der Zukunft mit ihrem Angebot an computer- und netzgestützten Studiengängen, Seminaren und Trainings, mit interaktiver Lernsoftware und einem regen virtuellen Austausch auf multimedialen Lernplattformen bringen die Lust am Lernen ganz neu auf Trapp. Sie erlauben virtuelle Ausflüge in spannende neue Wissenswelten mit minimalem „Marschgepäck" und ohne lange Reisevorbereitungen. Denn zunehmend werden diese Angebote die Bildungs- und Wissenshungrigen über das Internet an ihrem Arbeitsplatz oder zu Hause am Computer erreichen.

„Wissen ist Macht", so hat es schon in der Vergangenheit geheißen. Diese Wissensmacht – nicht selten als Herrschaftswissen gehütet wie ein Augapfel und oft missbraucht zum eigenen Machterhalt – bezog sich sehr auf reines Fakten- und Erfahrungswissen. Heute aber müssen Menschen immer neu mit Wissen umgehen, müssen anders ans Lernen herangehen, Fakten immer wieder anders kombinieren, Erfahrungen hinterfragen und in veränderte Kontexte stellen. Wer dies beherrscht, zählt zu den „Informations-Virtuosen". So nennt Vera F. Birkenbihl, die Managementtrainerin, die Wissensmächtigen der Zukunft. E-Training ist sicherlich ein wesentlicher Faktor auf dem Weg dorthin.

In seinem wunderbaren Buch „Der Plan von der Abschaffung des Dunkels" hat der dänische Autor Peter Hoeg den Traum der Menschheit, durch Bildung allem Bösen zu entrinnen, in eine unter die Haut gehende Geschichte eingeflochten. Der Plan lautete: sozial schwache und auffällig gewordene Kinder und Jugendliche

Lernen – eine lebenslange Herausforderung

durch ein strenges Reglement mit präzise aufeinander abgestimmten Lernphasen in geordnetem Rahmen und in exakt bemessener Zeit von Bildungsstufe zu Bildungsstufe zu führen in ein besseres Leben – aus dem Dunkel ins Licht. Der Plan wollte das Gute, aber er musste zwangsläufig scheitern an den Menschen. Sein geistiger Vater, Schulleiter Biehl, hatte zu hohe Ideale. Der Plan: die reine Utopie.

Viele Bildungsidealisten haben Pläne für das „bessere" Lernen geschmiedet. Etliche sind gescheitert. Prägend für alle Lerngemeinschaften sind dabei drei Dimensionen, die Franz-Theo Gottwald und K. Peter Sprinkart in ihrem richtungsweisenden Buch „Multi-Media Campus – Die Zukunft der Bildung" beschreiben. Diese Dimensionen durchziehen die gesamte Entwicklungsgeschichte der abendländischen Bildung:

- Verräumlichung des Wissens

    Alles Wissen an einem Ort zusammenzuführen. Beispiele: die großen Bibliotheken der Antike → Enzyklopädien → Konversationslexika → Datenbanken

- Vergesellschaftung des Wissens

    Transfer des Wissens aus dem Besitz eines privilegierten Kreises in die Gesellschaft. Beispiele: der Kreis des Sokrates → Bildungsgemeinschaften der Renaissance → neuzeitliches Bildungswesen → Virtuelle Lerngemeinschaften über Datennetze

- Verzeitlichung des Wissens

    In zeitlich verdichteten Phasen Curricula durchlaufen und möglichst viel Wissen in möglichst kurzer Zeit in möglichst viele Gehirne zwängen. Beispiele: Schulen und Hochschulen → als Karikatur: der Nürnberger Trichter → Präsenzseminare.

Fit in der Wissensgesellschaft

Am Anfang des neuen Jahrtausends sehen wir uns vor die Notwendigkeit gestellt, diese wohl geordneten Dimensionen gemeinschaftlichen Lernens zumindest teilweise aufzulösen und gleichzeitig neue, individuelle Anordnungen zu ermöglichen.

In der modernen Wissensgesellschaft werden sich lernunwillige Menschen rasch wie Analphabeten vorkommen. Ihr schnell veraltetes Wissen wird allenfalls noch zur Bebilderung der Vergangenheit abgefragt werden. Sie verlieren unter Umständen Autorität und Ansehen in bestürzendem Maße. Und selbst ihr implizites Wissen, ihre Intuition, ihre emotionale Intelligenz werden kritisch hinterfragt, wenn sie sich ansonsten schlecht informiert und in vielen modernen Sachverhalten unwissend zeigen. Wer seinen Arbeitsplatz behalten möchte, muss einfach fit sein in der Wissensgesellschaft, sonst wird er ihn verlieren. Mitarbeiter des Stuttgarter Instituts für technische Folgenabschätzung warnen unablässig davor, die Gesellschaft zu spalten: in „Wissende", die Zugang zu den Datennetzen und damit zu einem Großteil des Wissens dieser Welt haben, und in „Unwissende" ohne diese Möglichkeit. Viele Science-Fiction-Filme und -Romane leben von der phantasievollen Ausformung dieser Vision.

Informations- und Lernquellen gibt es zuhauf. Zeitungen und Zeitschriften, zig Fernsehkanäle, ein weit verzweigtes Vortrags- und Kongressangebot, Tausende von Weiterbildungsmöglichkeiten in aller Welt. Jetzt gilt es, möglichst viel davon für sich zu nutzen. Gezielt auszuwählen: Was bringt mich in dieser und jener Frage weiter? Was hilft mir, dieses oder jenes Problem zu lösen? Wo kann ich von ähnlichen Konstellationen lernen? Unser moderner Alltag und die sich zum Teil rasant ändernden Anforderungen an uns am Arbeitsplatz stellen uns täglich vor solche Fragen. Lernfelder tun sich auf, wo wir meinten, bereits alles zu wissen. Jetzt muss alles neu betrachtet, anders bewertet, vielleicht verändert, verbessert, verworfen werden. Neue Entwicklungen, neue Produkte, neue Beziehungen und Verbindungen – dies alles nötigt uns beständiges Da-

Lernen – eine lebenslange Herausforderung

zulernen ab. Es zwingt freilich auch dazu, veraltetes Wissen, mit dem wir uns zuvor vielleicht in Sicherheit wiegten, abzuwerfen wie unnötigen Ballast.

Wichtig: Eine entscheidende Voraussetzung für ausgeprägte Lernkompetenz und damit Fitness in der Wissensgesellschaft ist gesundes Selbstbewusstsein und ein stabiles Selbstwertgefühl. Es lässt uns flexibel bleiben im Denken, offen für neue Wahrnehmungen, mutig für neues Ausprobieren und Agieren. Ein verlässliches Gerüst an inneren Werten und Orientierungen hilft, in dem reißenden Strom der Entwicklungen nicht zu ertrinken. Das heißt, um im Bild zu bleiben: das richtige Gefährt zu finden, um die abenteuerliche Wildwasserfahrt gesund zu überstehen. Verunsicherte Selbstwertgefühle bringen uns schnell ins Trudeln, in einen Sog nach unten. Wir häufen entweder in Panik Lernstoff auf Lernstoff in einer Art vorauseilendem Gehorsam gegenüber Arbeitgeber oder Kundschaft (ein verbreitetes Angstphänomen bei FreiberuflerInnen), verlieren den Blick fürs Wesentliche und versinken – vollgestopft mit Wissen, das wir nicht unmittelbar anwenden können. Oder wir klammern uns ängstlich an das Bekannte, Vertraute, Althergebrachte im Sinne von „Das haben wir schon immer so gemacht" oder „Das hat noch nie funktioniert". Diese Haltung ist heute allenfalls abseits der reißenden Ströme nicht lebensgefährlich.

Lernen „on demand" und „just in time"

Schülerinnen und Schüler wünschen sich oft nichts sehnlicher, als endlich befreit zu sein von Unterrichtsstoff und Hausaufgaben. Stunde um Stunde vor Büchern zu büffeln und Gelerntes quasi auf Befehl von sich zu geben, um hinterher mit Noten belohnt oder bestraft zu werden, das kann doch nicht der Sinn des Lebens sein, oder? Wer selbst Kinder hat, kennt Situationen wie die folgende ganz gewiss:

Lernen „on demand" und „just in time"

„Dieses blöde Französisch, Mama, das nervt mich total. Jetzt hab' ich wieder eine vier im Test. Wozu brauche ich das überhaupt? Was fang' ich jemals damit an? Ich will Informatiker werden, da zählt Englisch. Ich will auch nicht Ferien in Frankreich machen. Also, was soll's?" Aber das Gymnasium, das ansonsten ganz o. k. ist für den technisch und naturwissenschaftlich begabten Filius, hat nun einmal Französisch als zweite Fremdsprache – bis zum Abitur. Bei vielem, was während der 13-jährigen Schulzeit auf die Schülerinnen und Schüler einströmt, erkennen sie noch nicht, wie sie dieses Wissen später einmal werden einsetzen können, was sie also tatsächlich davon haben. Sie lernen das meiste zeitversetzt.

Solche konzentrierten Lernphasen sind im Erwachsenenalter die Ausnahme. Weiterbildung erfolgt meist berufsbegleitend, also parallel zum Erwerbsleben. Ein vielfältiges Angebot an betrieblicher Aus- und Weiterbildung kommt dem entgegen. Die Weiterbildungsetats großer Firmen wie Siemens, Deutsche Telekom oder VW betragen mehrere hundert Millionen Mark. Beruflicher Aufstieg ist nur durch beständige Höherqualifizierung möglich. Neue Produkte und Programme zwingen ganze Bataillone in die Seminarräume und Bildungszentren der Betriebe. Parallel dazu hat sich ein außerbetrieblicher Bildungspark herangebildet, der von dem weit verzweigten Netz der Volkshochschulen bis hin zu hochfeinen privaten Business-Schulen reicht.

Wissen auf Vorrat wird dabei immer weniger verkauft. Lernen aus Leidenschaft, aus Neugierde spielt weiterhin eine Rolle, aber die Lernziele richten sich überwiegend nach den Notwendigkeiten des beruflichen Alltags. „Learning on demand", „learning on the job" oder „learning near the job" heißen die Schlagworte, die das gewünschte Lernverhalten heute kennzeichnen. Weite Anreisen zum Lernort und wochenlange Abwesenheit am Arbeitsplatz sind bald die Ausnahme von der Regel. Das Lernen soll zu uns kommen, möglichst dicht heran an den Arbeitsplatz.

Lernen – eine lebenslange Herausforderung

Neue Lust am Lernen – eine Teilnehmerin berichtet

Sabine Röltgen ist Projektmanagerin bei Henkel in Düsseldorf. Seit vier Wochen nimmt sie an einem Online-Kurs „Screen-Design und Web Publishing" der Fachhochschule Furtwangen teil. Dieser Kurs wird von der Tele-Akademie **(http://www.tele-ak.de)** zum ersten Mal angeboten und hat das Ziel, die 30 Teilnehmenden in der Gestaltung, Konzeption und Produktion von Benutzeroberflächen fit zu machen.

Begeistert erzählt die 33-Jährige während eines Kongresses ihres Managerinnen-Netzwerks EWMD von ihren neuen Lernerfahrungen im virtuellen Klassenzimmer. Ihr liegt daran, auch andere Frauen für diese neue Form des Lernens parallel zu Berufstätigkeit und Familienarbeit zu interessieren:

„Mich hat vor allen Dingen gereizt, das Medium Internet zum Lernen zu nutzen. Surfen kann ja jeder, aber ein Projekt per E-Mail und Gruppenchat durchzuführen, das ist doch mal was Neues. Der erste Chat war dann auch ganz aufregend: Finde ich den richtigen Kanal? Wie sind wohl die anderen Teilnehmer meiner Lerngruppe? Wie der Tutor? Nicht zu vergessen die wichtige Frage ‚Spielt die Technik mit?'

Wenn beim Chatten der Strom ausfällt, ist man aufgeschmissen. Das Medium Internet ist manchmal störanfällig und vor Pannen ist niemand gefeit: Da kommt mal eine E-Mail nicht an oder man findet beim Chatten nicht den richtigen Kanal. Es ist auch nicht lustig, wenn beim Provider die Leitung besetzt ist; da sind gute Nerven vonnöten. Wenn alle Stricke reißen, gibt's ja immer noch Fax und Telefon.

Bei unserem ersten Chat hat natürlich alles wunderbar geklappt; vor allem dank der genauen Anleitung der Tele-Akademie. Im Begrüßungschat haben sich Tutoren und Teilnehmende kurz vorgestellt – mit Lieblings-Website, das versteht sich ja von selbst! In der

Lernen „on demand" und „just in time"

darauf folgenden Woche fand dann der Projekt-Chat statt, denn jeder Kursteilnehmer kann ein Projekt durchführen, entweder in einer Gruppe mit maximal drei Personen oder alleine. Nur dann erhalten die Teilnehmenden übrigens am Schluss ein Zertifikat. Ansonsten gibt es nur eine Teilnahmebestätigung.

Es war interessant zu sehen, wie schnell sich Gruppen gefunden haben. Auch ich werde in einem Projekt mitarbeiten. Gerade bei dieser Art des Lernens finde ich einen intensiven Austausch mit der Gruppe sehr wichtig. Wenn ich weiß, dass irgendwo an einem anderen PC eine Person über genau dasselbe Thema grübelt wie ich, erhöht das meine Motivation. Außerdem kann man sich ja wieder zum Chatten verabreden, um die neuesten Ideen zu ‚besprechen'!

Bei unserem Gruppenprojekt handelt es sich übrigens um die Gestaltung des Webauftritts für den Förderkreis Rittergut Knau e. V. in Ostdeutschland. Und eine unserer Mitstreiterinnen lebt in Wien! Das finde ich klasse. Grenzüberschreitendes Arbeiten und Lernen ist so nur mit dem Internet möglich.

Wie lerne ich die anderen Teilnehmer kennen? Bei 30 Leuten fast unmöglich, habe ich gedacht. War aber falsch, denn schließlich gibt es E-Mail. Jeder kann unter der Rubrik Teilnehmer einige persönliche Daten und ein Foto in den geschlossenen Raum des Seminars einstellen. So kann man sich von einem Schüler zum anderen durchklicken – und wenn ich einem schreiben möchte, schicke ich einfach eine E-Mail. Es wirkt, kann ich jetzt schon sagen.

Das Gleiche gilt für die Seminarunterlagen, die in regelmäßigen Abständen im Klassenraum bereitgestellt und heruntergeladen werden können. Übungen und ergänzende Materialien werden hier auch zur Verfügung gestellt. Alle Teilnehmer können sich also immer über die neuesten Aufgaben informieren, wo sie sich auch aufhalten. Genau, Hausaufgaben müssen wir nämlich auch machen. Der Zeitaufwand für das Seminar liegt pro Woche bei etwa vier bis sechs Stunden für Pflichtaufgaben, Übungen und Lektüre der Studienbriefe. Diese Zeit sollte man schon einkalkulieren, bevor man sich einschreibt.

Wenn ich bei einer Übung mal nicht weiter weiß, helfen die Tutoren sofort weiter. Die Betreuung durch die Kursleitung erfolgt prompt – natürlich per E-Mail. Mein Eindruck ist bisher der, dass die Tutoren sich auch intensiv untereinander austauschen, um die Fragen der Teilnehmenden optimal beantworten zu können. Deren Kenntnisse sind unterschiedlich – und schließlich möchte auch der Programmier-Experte eine Antwort auf seine dringendsten Fragen, die da lauten könnten: Java oder nicht Java? Communicator oder Explorer? HTML oder XML?

Der Markt der Online-Weiterbildung wird in Zukunft massiv anwachsen, davon bin ich fest überzeugt. Es ist ja so praktisch: zu Hause am eigenen PC kann ich das zum Lernen notwendige Material herunterladen. Offline, also gebührenfrei, kann ich es dann lesen, eventuell ausdrucken und bearbeiten. Weiterführende Literatur bekomme ich gleich mit geliefert, die entsprechenden Links muss ich nur anklicken, um mich weiter zu informieren. Wenn ich dann doch mal das Bedürfnis verspüre, das virtuelle Klassenzimmer zu verlassen, greife ich zum Telefonhörer und höre mal, wie das Wetter in Wien ist. Das finde ich spannend!"

Rund um die Uhr – rund um die Welt

Perspektivenwechsel ist auch im Blick auf den Faktor Zeit angesagt. Was nützt Ihnen ein noch so hochrangiges Projektmanagement-Seminar, wenn Sie es erst im nächsten Jahr buchen können, Sie die Projektleitung aber bereits übernommen haben? Oder: Was haben Sie davon, wenn Ihr Arbeitgeber Sie bestbezahlt an einen fernen Standort versetzt, die Zeit für die vorherige interkulturelle Schulung aber fehlt? Nur Stress, nur Probleme. Es sei denn, Sie kennen sich aus in den Datennetzen, haben eine ganze Enzyklopädie auf CD-Rom dabei und via E-Mail die Möglichkeit, schnell von Fachleuten über die Kultur und die Gepflogenheiten am neuen Standort informiert zu werden.

Der viel zitierte Gorbatschow-Ausspruch: „Wer zu spät kommt, den bestraft das Leben" lässt sich auf uns mit unserem Lernverhalten übertragen.

Achtung: Die Konkurrenz schläft nicht. Und wir konkurrieren mittlerweile mit Menschen in aller Welt. Wir werden nicht umhin kommen, uns eine Art „Weltbewusstsein" anzueignen; die nationalen Grenzen zumindest geistig zu überwinden. Der Blick auf die vielfältigen internationalen Zusammenschlüsse, auf Fusionen und Übernahmen zeigt, wie schnell Menschen in ganz neue Arbeitsbeziehungen und auf völlig veränderte Aufgabenfelder gezwungen werden. Das bedeutet, wir müssen jederzeit an jedem Ort an die notwendigen Informationen, Wissensbausteine, Weiterbildungen kommen.

Lernen können rund um die Uhr, rund um die Welt, diese Forderung steht im Raum. E-Training in seinen verschiedenen Ausprägungen ist zu diesem Zweck entwickelt worden. Lernen übers Internet stellt die Spitze dieser Entwicklung dar. Sie lernen in dem Moment den notwendigen Stoff, in dem Sie ihn für Ihre Aufgaben oder für Ihr Vorankommen brauchen. Das ist der Moment, in dem Sie hochmotiviert sind und den Lernstoff am ehesten verstehen, sich also Wissen am leichtesten aneignen: der Theorie-Praxis-Transfer ist gegeben.

Interaktiv und multimedial

Lernen ist in den frühen Jahren unserer Kindheit eine sehr lebendige Angelegenheit – zwischen uns und anderen Menschen: den Eltern und Geschwistern, Verwandten, Erziehern und den kleinen Spielkameraden im Sandkasten oder im Kindergarten. Sie alle sind

Lernen – eine lebenslange Herausforderung

uns mehr oder weniger Vorbilder – im Guten wie im Schlechten. Wir nehmen Neues auf mit allen Sinnen und verknüpfen es zu Informationen. Wir bleiben damit aber nicht allein, sondern tauschen uns aus, probieren dies, üben das; im Zusammenspiel, in der Interaktion, wird unsere Neugierde permanent geweckt, wird unser Ehrgeiz herausgefordert, wird unsere Lern-Motivation gestärkt. In dieser Zeit lernen wir unablässig – und wir sind uns dessen nicht einmal bewusst. Und mit der Zeit wächst daraus unser Wissen – explizites Wissen (Fakten und Erfahrungen) und implizites Wissen (Intuition).

In späteren Jahren erfolgt Lernen allzu häufig über „Einbahnstraßen". Wir lesen, wir schreiben ab, wir hören Radio, wir sehen fern – ohne die Möglichkeit eines direkten Austauschs. Hier setzen die interaktiven Lernmedien an. Bei computergestützten Trainings und Simulationen auf CD-Rom (CBT) ist es lediglich ein Software-Programm, das während des Lernens verschiedene Möglichkeiten der Interaktion anbietet. Bei netzgestützten Trainings (WBT) kommt noch die Möglichkeit des Austauschs mit der Kursleitung und den übrigen Kursteilnehmenden über die Dienste des Internet hinzu. Von deren Kompetenzfächer hängt nicht selten der gesamte Lernerfolg ab. Vielleicht kennen auch Sie Momente, in denen einige Teilnehmer Sprüche loslassen wie: „Der redet bloß Senf daher, alles graue Theorie. Der sollte mal zu uns kommen, der würde sein blaues Wunder erleben. Aber ich hab' schon Trainer X überstanden und Trainerin Y. Ich werd' auch den überleben! Wenigstens ist das Hotel okay und das Essen. Und drei Tage weg aus der Firma, das ist doch auch nicht schlecht."

Wir lernen auch als Erwachsene noch von Vorbildern. Und wir leben von Bildern. Überall, wo wir uns bewegen, springen sie uns ins Auge. Viele Informationen beziehen wir aus solchen Abbildungen. Und moderne Lernprogramme nützen dies sehr bewusst, ebenso die Möglichkeit der Animation, der Bewegung, und der Untermalung mit Tönen.

Interaktiv und multimedial

Mit nur immer mehr vom Gleichen lernen wir nicht gerne und behalten nur ganz wenig. Elektronische Medien beeindrucken uns durch das Zusammenspiel verschiedener Elemente. Medienforscher haben herausgefunden, dass wir etwa 98 Prozent dessen, was wir an Informationen aus Zeitungen und Zeitschriften, Rundfunk und Fernsehen aufnehmen, schnell wieder vergessen. Nur etwa zwei Prozent der von den vorgenannten Medien verbreiteten Informationen werden bewusst verarbeitet.

Multimedial – das heißt, viele Medien werden miteinander kombiniert. Sie sollen uns ermöglichen, auf vielen verschiedenen „Kanälen" Lerninformation zu empfangen und zu verwerten:

- Texte zum Lesen
- Tonbeispiele, Gesprochenes, Musik zum Hören, Geräusche als Verstärker
- Bilder zum visuellen Begreifen, zur Versinnbildlichung, als Ergänzung und Erweiterung von Texten
- Animationen bringen Bewegung, verdeutlichen Abläufe, verstärken kurzweilig die Konzentration auf besonders Wichtiges
- Videos zur Veranschaulichung von Vorgängen
- Interaktive Übungen und Selbsttests zum Erlernen neuer Inhalte und zur Überprüfung und Kombination mit schon vorhandenem Wissen.

Bald wird es Computer geben, die, mit Duftpatronen ausgestattet, zum Lernstoff passende Gerüche verströmen.

Ein interaktives, multimediales Lernsetting wird den unterschiedlichsten Lerntypen nur gerecht, wenn es didaktisch und softwareergonomisch aufbereitet ist. Schließlich geht es nicht allein um den Reiz von Neuem und um technische Raffinessen. Manchmal ist ein

Lernen – eine lebenslange Herausforderung

Mehr schon zu viel. Sprache und Bilder unterstützen sich nur bei sorgfältig durchdachter Kombination. Eine Geräuschkulisse kann durchaus ein Sinnesreiz zu viel sein.

Achtung: Die Erfahrungen mit Lernsoftware auf CD-Rom zeigen freilich auch, wie wichtig es ist, nicht ausschließlich alleine am Computer zu lernen. Es muss auch die Möglichkeit gegeben sein, immer wieder mit virtuellen Mitschülern und Lehrern zu „reden". Nur multimedial ist zu wenig, nur interaktiv aber auch.

Knowledge Management für alle

„Wenn Siemens wüsste, was Siemens alles weiß" – Werner von Siemens selbst soll einstmals diese Bemerkung über das verstreute, unkoordinierte Wissen in den verschiedenen Zweigwerken seiner Firma gemacht haben. Mit „Knowledge Management", Wissensmanagement, wollen Großunternehmen weltweit das vorhandene explizite und implizite Wissen in ihren Organisationen aufspüren, vernetzen und Gewinn bringend einsetzen. Der modische Begriff ist lediglich ein neues Label für eine Praxis, wie sie erfolgreiche Systeme immer schon für sich genützt haben. Vielleicht nicht so konsequent, wie es Unternehmensberatungen heute ihren Kunden empfehlen.

Die mit der Umsetzung dieser Managementtheorie beauftragten Menschen stoßen auf mancherlei Barrieren. Nicht jeder ist bereit, sein Wissen mit anderen zu teilen. Der Begriff „Herrschaftswissen" kommt nicht von ungefähr. Wissen sichert Macht, Status, Vermögen. Gegen diese Widerstände werden manchmal herausfordernde Kennzahlen eingesetzt, gelegentlich auch raffinierte Methoden. Erfolge werden offenbar eher durch Zahlenvorgaben erreicht als durch Raffinesse, berichtet Diplom-Psychologe Karsten Mehrtens, der als Trainer und Berater im Hause Siemens für die Entwicklung von Führungsverhaltenstrainings weltweit zuständig ist.

Knowledge Management für alle

Damit Wissen in alle wichtigen Kanäle fließt und nicht aus Profilierungssucht, Konkurrenzangst oder fehlender Wertschätzung zurückgehalten wird, braucht es Anreize und klare „Spielregeln". So gelten bei Siemens beispielsweise Projekte erst als abgeschlossen, wenn der Projektbericht vorliegt, in dem das gesamte Wissen über das Projekt festgehalten ist. Vier Komponenten müssen laut Mehrtens zusammentreffen, damit Wissensmanagement funktioniert:

- Wissen = Sinnverständnis
- Wollen = persönlicher Nutzen
- Können = wie praktiziere ich's
- Dürfen = Zeit und Ressourcen zur Verfügung gestellt bekommen

Sie, als vielleicht ganz auf sich gestellter lernender Mensch, können vermutlich nichts mit Kennzahlen anfangen. Für Sie sollte ein praktikables Wissensmanagement dennoch ins Repertoire des Selbstmanagements gehören. Ihr netzgängiger PC oder Mac, ein (Mobil-)Telefon und Ihre Kontaktfähigkeit reichen (zumindest heute und in näherer Zukunft) als Instrumente für die Sammlung, die Vernetzung und die Verwaltung von Wissen völlig aus. Computer werden Ihnen in wenigen Jahren sehr effizient helfen, die zur Lösung von Aufgaben und Problemen notwendigen Wissensbausteine aufzuspüren und problemorientiert zusammenzufügen. Die Informations-Virtuosen werden gekennzeichnet sein durch hohe Lernmotivation – mal aus Neugierde, mal aus Not –, Kombinationsgabe, Offenheit für neuartige Gedankenketten und genügend Zähigkeit, um das Leben im Wissensdschungel auszuhalten.

Das Wissen der Welt, komprimiert auf kleinstem Raum, abrufbar von jedermann – der Traum der Bildungsdemokraten fängt an, Wirklichkeit zu werden. Drei Beispiele verdeutlichen das:

- Die EXPO 2000 in Hannover präsentiert erstmals eine Globale Digitale Bibliothek.

Lernen – eine lebenslange Herausforderung

- Im nächsten Jahr sollen rund neunzig Prozent der französischen Nationalbibliothek digital gespeichert sein.
- Die amerikanische Kongressbibliothek arbeitet ebenfalls an der digitalen Speicherung ihrer fünf Millionen Objekte.

Gottwald und Sprinkart, die Autoren des „Multi-Media Campus", sprechen von der „Echtzeit-Wissensgesellschaft", auf die wir uns zubewegen. Wir müssten uns der Tatsache stellen, dass Wissen und publizierte Informationen exponentiell anwachsen. In der Echtzeit-Wissensgesellschaft wird handlungsrelevantes Wissen in der Geschwindigkeit generiert, in der dieses Wissen zur Lösung spezifischer Probleme gebraucht wird. Ohne Knowledge Management undenkbar. Schon heute ist die Flut an Daten und Informationen, die täglich auf uns prasselt, nur gefiltert, nur dosiert zu ertragen.

Lernwelten der Zukunft

2

Weltweites Wissen verknüpft mit
kultureller Vielfalt 28

Schulen im Wandel 29

Multimedia-Campus 30

Arbeiten und Lernen –
Lernen und Lehren 34

Lean Education 35

Weltweites Wissen verknüpft mit kultureller Vielfalt

Von den Ehrfurcht einflößenden hehren Mauern der traditionellen Bildungstempel werden wir uns nach und nach verabschieden müssen. Die Lernwelten der Zukunft befinden sich jenseits fest gefügter Gebäude. Sie schließen reale Orte und virtuelle Räume gleichermaßen mit ein und nutzen dazu das umfangreiche Potenzial der modernen Informations- und Kommunikationstechnik. Auf diesem Gebiet werden wir noch erstaunliche Entwicklungen erleben können.

Die neuen Möglichkeiten, theoretisches Wissen mit dem weltweit vorhandenen Erfahrungswissen zu vernetzen und die kulturelle Vielfalt, nationale Besonderheiten und unterschiedliches emotionales Erleben über das kleine Bildschirmfenster unseres Computers via Mouseclick in die eigene gute Stube zu holen, sind einmalig. Es liegt an uns, was wir mit diesen – zumindest in der westlichen Welt unbegrenzt erscheinenden – Möglichkeiten anfangen.

Regale voller Wissen, ja, ganze Bibliotheken können heute schon auf kleinstem Raum archiviert werden. Auf handlichen Datenträgern gespeichert, können sie überall hin mitgenommen oder übers Internet überall auf der Welt eingesehen werden.

Wichtig: Daten aus ganz verschiedenen Ländern und Kulturen und Wissensbereichen sind nicht mehr nur einer kleinen Elite zugänglich. Eine weltweite virtuelle Lerngemeinschaft kann sie abrufen und kann darüber hinaus miteinander in Verbindung treten. Daraus entstehen – aufbauend auf bisherigem Know-how und gepaart mit den jeweils eigenen Emotionen – individuelle, neue Informationen; ergeben sich unterschiedlichste Kombinationsstränge und Sichtweisen und somit viele verschiedene Interpretationen, die gleichrangig nebeneinander bestehen können. Den notorischen Rechthabern wird das nicht gefallen. Allen anderen schon.

Der uneingeschränkte Zugang zu den Informationen im Internet ist allerdings in vielen Staaten dieser Erde unmöglich. Burma, zum Beispiel, hat den Gebrauch des Internets ganz verboten. China, Singapur und einige arabische Staaten verhindern den Zugang zu unliebsamen Websites gezielt. In Saudi-Arabien können die – noch wenigen – Internetbenutzer nur über einen einzigen Proxy-Server ins Netz, der den Zugriff auf zahlreiche Websites unmöglich macht.

Schulen im Wandel

Noch müssen sich unsere Schüler ein vorgegebenes Wissensspektrum in einer ganz bestimmten Zeit nach einem detaillierten Lehrplan aneignen. Aber das Ende der präzise gezirkelten Phasen verdichteten Lernens ist schon eingeläutet. In wenigen Jahren wird die Schule tief greifende Veränderungen erfahren. Und dabei wird der Computer eine tragende Rolle spielen. Der Anfang ist mit dem fächerübergreifenden und computergestützten Unterricht ja schon gemacht.

Wichtig: Die Abkehr vom Einzelkämpfertum hin zum Lernen in Teams ist bereits eingeläutet und auch die Rolle der Lehrer verändert sich zusehends: die autoritäts-heischenden Pauker, die über Jahrzehnte ihren kaum modifizierten Lehrstoff im Frontalunterricht vor den Schülern abladen durften, haben ausgedient. Im Umgang mit dem Computer und bei der Nutzung des Internets sind die Schüler den meisten Lehrern weit überlegen. Auch da hat die Zukunft die Gegenwart schon überholt, sind künftige Berufstätige viel weiter als die meisten gegenwärtigen.

Moderne Lehrerinnen und Lehrer werden Moderatoren und Trainern gleichen, wie sie die Wirtschaft bereits kennt. Ihr Unterricht wird Workshop-Charakter haben, der die vorhandenen Stärken der Schülerinnen und Schüler voll mit einbezieht. Er wird partnerschaftlich ausgerichtet und prozesshaft gestaltet sein. Er wird vor

Lernwelten der Zukunft

allem das selbstgesteuerte Lernen üben. Und nicht zuletzt werden Multimedia-Computer eine tragende Rolle dabei spielen.

Die derzeitige Diskussion über die völlige Abschaffung des Samstagsunterrichts geht einher mit der Forderung nach einer Möglichkeit, von zu Hause aus vernetzt mit der Schule lernen zu können. Eltern erleben heute schon ihr „blaues Wunder", wenn sie ihren Kids am Computer zuschauen. Noch sind es vor allem Spiele, die den Nachwuchs an die Geräte fesseln. Wenn aber erst einmal Lernen am Computer zum Standardrepertoire der Schüler gehört, bekommen Mütter und Väter ordentlich Druck, mit ihren Sprösslingen noch mithalten zu können.

Eine Initiative der EU-Kommissarin Viviane Reding soll diese Entwicklung in Richtung E-Learning beschleunigen. Das auf sieben Jahre ausgerichtete Programm, mit 3,5 Milliarden EURO ausgestattet, hat zum Ziel, mit Hilfe von digitalen Diensten und weiterentwickelter Bildungssoftware allen Schülern in Europa im Unterricht umfassende IT-Kenntnisse mitzugeben und damit die Beschäftigungsperspektiven von Jugendlichen wesentlich zu verbessern.

Multimedia-Campus

Wie Bildung und Lernprozesse in Zukunft neu organisiert werden können, wie Wissensmanagement sich im nächsten Jahrhundert weiterentwickelt und wie umfassende Kommunikation in Bildungsprozessen interaktiv ablaufen wird, das beschreiben die Autoren des Buches „Multi-Media Campus" ebenso spannend wie ausführlich. Den Bildungstraditionalisten wird es bereits ein Dorn im Auge sein. Für die Entwickler neuer Lernsysteme und Bildungstools bekommt es möglicherweise Kult-Charakter. Anspruchsvoll zu lesen ist es allemal.

Die Idee des Multimedia-Campus greift die bisherigen Möglichkeiten des Lernens und des Wissensaustauschs auf und entwickelt sie

Multimedia-Campus

weiter zu einer globalen Plattform für das Management von Wissen, für umfassende Kommunikation im Bildungsbereich und die kontinuierliche Entwicklung und Anpassung von Bildungs- und Lernprozessen. Nicht die Information als solche, sondern der strategische Einsatz dieses Wissens, die spielerischen Verknüpfungsmöglichkeiten von Wissen stehen im Vordergrund. Das Moment der sozialen Interaktion und Kommunikation bleibt auch auf dem Multimedia-Campus der Zukunft das zentrale Bestimmungsmoment und bildet die zentrale Dynamik der Gewinnung wissenschaftlicher Erkenntnis und idealtypischer Lehre: Lernen als dialogischer Prozess. In den Chatrooms der virtuellen Klassenzimmer und Universitäten wird dies bereits lustvoll geübt!

Die Software für den Multimedia-Campus ist so konzipiert, dass alle zum Lernen und Lehren erforderlichen Dienstleistungen in ein Gesamtsystem integriert und innerhalb einer einzigen Benutzeroberfläche bedient werden können. Alle für das Lernen im virtuellen Lernraum erforderlichen Dienstleistungen werden hier angeboten werden. Und die geistigen Väter der Idee haben auch den Anspruch, jüngste Ergebnisse der Kreativitätsforschung, der Lernpsychologie und der Psychologie multimedialen Lernens zur Grundlage des Lernens im Multimedia-Campus zu machen.

„Die Umsetzung der kommunikativen Dimension des Multimedia-Campus bedeutet vor allem eins: einen Schlag gegen kommunikationslose Wissensvermittlung, die die Interaktion auf das Abrufen vorgegebenen Wissens beschränkt", schreiben die Autoren. Sie sind sich wohl bewusst, dass ihre Zukunftsideen für die Hüter der heiligen Kuh Bildung eine gewaltige Herausforderung darstellen. Mit ihren Leserinnen und Lesern sind sie mittlerweile über die Website **http://www.zukunft.de** in einen lebhaften Dialog getreten. Schließen Sie sich diesem Kreis an und gestalten Sie die Lernwelt der Zukunft mit!

Den wichtigen Frage nach den Verantwortlichkeiten, der Wahrung von Urheber- und Nutzungsrechten gehen Gottwald und Sprinkart

Lernwelten der Zukunft

nicht ausdrücklich nach. Solche Fragen im Zusammenhang mit dem globalen Wissensnetz wirft dagegen der Publizist und Medientheoretiker Florian Rötzer, Autor eines anderen wichtigen Buches mit dem Titel „Megamaschine Wissen", auf. Sofern Sie das Vorausgegangene über die Lernwelten der Zukunft neugierig gemacht hat, möchte ich an dieser Stelle ausdrücklich auch die Lektüre dieses Werks empfehlen. Die folgenden zwölf Thesen Rötzers zu seiner Vision vom „Überleben im Netz" beleuchten die Fragestellungen darin:

Zwölf Thesen: „Überleben im Netz" (nach Florian Rötzer)

1. Wir brechen gleichzeitig in die neue Lebenswelt des Cyberspace sowie in die Wissensgesellschaft auf und verändern uns selbst dabei. Solche evolutionären Umbrüche können durchaus produktiv sein.

2. In der Wissensgesellschaft droht die Privatsphäre zu schwinden, die Mauer zwischen Privatheit und Öffentlichkeit fällt. Das bereits existierende Maß an Überwachung ist bedenklich.

3. Freier Zugang zu Wissen ist eine Grundvoraussetzung unserer Gesellschaft. Aufgabe der internationalen Gemeinschaft wird es sein, den Trend zur allzu starken Privatisierung von Information und Wissen zu brechen und stärker auf die Wahrung des Allgemeininteresses zu achten.

4. Solange das nicht geschieht, brauchen wir „Hacker und Cracker", um in die Zäune geistigen Eigentums Löcher zu schlagen und eingesperrtes Wissen an die Öffentlichkeit zu bringen.

5. Strengere Copyright-Gesetze bergen die Gefahr, dass mit kurzfristigen Gewinnen langfristig die Vorteile des Netzes und die Dynamik der Wissensgesellschaft verloren gehen. Auch bei den Patenten besteht der Bedarf einer globalen Regelung.

6. Freie Software, deren Quellcode allen zugänglich ist und kooperativ weiterentwickelt wird, sollte mit Hilfe staatlicher und internationaler Gelder weiterentwickelt werden. Die der Produktion freier Software zugrunde liegende „Ökonomie des

Multimedia-Campus

noch: Zwölf Thesen: „Überleben im Netz" (nach Florian Rötzer)

Schenkens" könnte als Modell einer vernetzten Wissensgesellschaft dienen.

7. Standards wie die dem Web zugrunde liegende Programmiersprache HTML müssen weiterhin frei bleiben, damit aus den notwendigen Normen für die Kommunikation keine kommerziellen Monopole werden.

8. Werden die Fallstricke der Virtualisierung nicht gesehen, so könnten die Möglichkeiten des Internet für eine größere Chancengleichheit verspielt werden. Die Weltgemeinschaft sollte sich den Wissenstransfer durch neue Medien zum Ziel machen, um die Kluft zwischen den Industrie- und Entwicklungsländern abzubauen.

9. Zensur hat im Internet keinen Platz, Internetnutzung und E-Mails sollten nicht überwacht werden. Nur allzu oft dienen Rechtsextremismus, organisiertes Verbrechen, Infowar und Pornografie als Vorwand, der Überwachung Tür und Tor zu öffnen.

10. Damit die virtuelle Demokratie nicht nur eine Sparmaßnahme bleibt, muss ein virtueller öffentlicher Raum geschaffen werden, in dem auch vergleichbare Kundgebungen und Versammlungen wie im wirklichen Raum stattfinden können, zum Beispiel Bürgerproteste und Cyberspace-Demonstrationen.

11. Die Militarisierung des Internet und die Aufrüstung einiger Länder gegen transnationale Gefahren sind ein bedenklicher Trend, der die Offenheit des Netzes gefährden könnte.

12. Virtuelle Bildung droht, zu einem Massenmarkt mit standardisierten Angeboten zu werden, auf dem nur der Kommerz regiert. Die internationale Staatengemeinschaft sollte den Aufbau von vielsprachigen virtuellen Ausbildungsangeboten, einen möglichst breiten Zugang zum Internet sowie eine möglichst umfassende Wissensdatenbank schnell in die Tat umsetzen.

Lernwelten der Zukunft

Arbeiten und Lernen – Lernen und Lehren

Die klassische Teilung in Schüler und Lehrer, in Ausbilder und Auszubildende ist am Arbeitsplatz der Zukunft weitgehend aufgehoben. Die Individualisierung in der Gesellschaft generiert laufend neue Wünsche, Ansprüche, Erwartungen. Nur Schnelligkeit und Flexibilität garantieren ein erfolgreiches Auftreten als Anbieter. Entwicklungszyklen für Produkte und Dienstleistungen werden immer kürzer. Siegreich werden die Organisationen sein, die mit Hilfe modernster Informations- und Kommunikationstechniken und mit einem völlig veränderten Verständnis von kollegialem, interdisziplinärem Wissensaustausch ihre Arbeitsprozesse als gleichzeitige Lernprozesse verstehen; die laufend Korrekturen an Altem vornehmen und Strategien für Neues entwickeln. Die nach dem Motto verfahren: „Willst du verstehen, lerne zu handeln" und sich lieber für eine Achtzig-Prozent-Lösung „just in time" entscheiden als für eine Hundert-Prozent-Lösung, die dann vielleicht zu spät kommt.

Um diesen permanenten Erneuerungsprozess parallel zum Produktionsprozess leisten zu können, müssen die Stärken jedes einzelnen Mitarbeiters hervorgekehrt und zueinander in Bezug gebracht werden. Die noch immer weit verbreitete Defizitorientierung konzentriert die Aufmerksamkeit der Führungskräfte auf die Schwächen. Die daraus resultierenden Maßnahmen dienen in erster Linie der Überwindung von Schwächen. Alle Kraft fließt in diese Abkehr von einem Mangel. Künftiges Lernen orientiert sich an den Herausforderungen und baut auf dem auf, was vorhanden ist.

Wichtig: Diese Ressourcenorientierung bedeutet Perspektivenwechsel: Nicht was fehlt, wird anklagend herausgefiltert, sondern was da ist an Ressource, an Potenzial, an Stärken, an individuellem Kompetenzmix, an Erfahrungswissen und emotionaler Intelligenz wird als ausbaufähige Basis mit dem Wissen anderer vernetzt und weiterentwickelt. Interne und externe Lernbausteine werden kombiniert. Die Hierarchie zwischen Lernenden und Lehrenden verflacht und weicht bald ganz dem partnerschaftlichen Wissenstransfer und der gemeinsamen Wissensentwicklung. Jeder lernt von jedem „on the job". Jeder erfährt Erfolgserlebnisse, weil er jederzeit die besten Tools hat für die Erledigung seines Jobs.

Lean Education

Über 30 Milliarden DM pro Jahr geben allein die deutschen Unternehmen für die Weiterbildung ihrer Mitarbeitenden aus. Aber vielen Chefs sind die riesigen Weiterbildungsetats inzwischen ein Dorn im Auge. Nicht deshalb, weil sie nicht länger in Trainingsmaßnahmen investieren wollten. Im Gegenteil: Die Erkenntnis, dass künftig mehr in Hirne als in Häuser investiert werden muss, dass die Human Resources den größten Wert eines Unternehmens darstellen, diese Erkenntnis setzt sich langsam durch. Vielerorts werden die Weiterbildungsbausteine darum einer gründlichen Revision unterzogen. Nicht wenig von dem, was in der Vergangenheit zum Standard gehörte, fällt dem Rotstift zum Opfer. Neues tritt an dessen Stelle. Und der Computer und das Firmenfernsehen spielen dabei eine zentrale Rolle.

Das Stichwort „Lean Education" macht die Runde. Zunächst verwendet im Zusammenhang mit der Verschlankung und Neuordnung des staatlichen Bildungswesens, hält der Begriff nun auch Einzug in die Wirtschaft. Einige US-amerikanische Unternehmen lösen die Notwendigkeit effizienterer und kostengünstigerer Weiterbildung und Wissensmehrung dadurch, dass sie ihren Mitarbeitern zum Gehalt einen jährlichen Bildungsetat einräumen, der freilich, wenn er nicht ausgeschöpft wird, verfällt. Wie sich der oder die einzelne Mitarbeitende bildet und wo, entscheidet jede(r) selbst. Eine gewisse Anzahl von Arbeitstagen wird für Seminare bereitgestellt, der Rest muss in der Freizeit erfolgen. Entsprechend hoch sind in den USA inzwischen die Teilnehmerzahlen von Online-

Lernwelten der Zukunft

Lernangeboten. Dort haben sich 1999 auf die insgesamt rund 26 000 Online-Kurse 750 000 Frauen und Männer eingeschrieben.

Inhouse-Trainings

Viele Firmen schichten um. Das heißt, sie verstärken beispielsweise die innerbetrieblichen Trainingsmaßnahmen für das Verkaufs- und Service-Personal sowie das Management und kürzen dort, wo es ein breites Angebot auf dem freien Markt gibt. Rhetorikkurse oder Sprachtraining zum Beispiel müssen aus der eigenen Tasche finanziert und in der Freizeit durchgeführt werden. Teuere externe Seminare, die zusätzlich noch Reisekosten und lange Abwesenheit am Arbeitsplatz mit sich bringen, werden gestrichen zugunsten von so genannten Inhouse-Trainings.

Online-Lernangebote immer vielfältiger

Mit der Zunahme von Online-Lernangeboten wächst auch die Hoffnung, E-Training könne die Weiterbildungskosten erheblich senken. Das wiederum ruft zahlreiche Mahner wach, die vor der Einsamkeit des Online-Schülers ebenso warnen wie vor einem Erdrutsch bei der Qualität der Curricula und ihrer technischen Umsetzung. „Wer glaubt, Online-Education machen zu können, allein um Kosten zu sparen, wird seinem Unternehmen eher schaden", meint beispielsweise Ulrich Bernath von der Carl-von-Ossietzky-Universität in Oldenburg. Die technischen Voraussetzungen für Web-based Training zu schaffen und Personal einzusparen sei längst nicht das, was man unter Lean Education verstehen sollte: „Open and Distance Education ist komplizierter als der Auftrag, von 170 Millionen Weiterbildungskosten auf 135 Millionen zu kommen. Die teure Multimedia-Lernumgebung alleine zeitigt noch keine Erfolge." Es brauche gut ausgebildete Dozenten und Tutoren als Betreuungspersonal, gibt der Experte in Sachen Online-Fernunterricht zu bedenken; solche, die via E-Mail im Lern-Chat

Lean Education

und nicht zuletzt auch ganz real mit den Schülern in einem interaktiven Lernprozess stünden.

Wichtig: In der Konsequenz heißt das, die Weiterbildungskosten steigen zunächst: Der Aufbau der technischen Plattform kostet nicht die Welt. Aber die Entwicklung und Umsetzung qualitativ hochwertiger Online-Curricula und die Ausbildung und Bezahlung guter Dozenten und Trainer sind teuer. Nicht jedes Unternehmen, das den neuen Weiterbildungstrend nachvollziehen möchte, billigt einen solchen Investitionsschub. Die Gefahr, sich dann mit drittklassigen Angeboten externer Bildungsanbieter abzufinden, besteht. „Lean" bedeutet aber „schlank", nicht „mager".

Symptomatisch erscheint eine Diskussion, wie sie im Frühjahr 2000 anlässlich des debis-Kongresses „Arbeitsbedingungen im 21. Jahrhundert gestalten" in Berlin geführt wurde: Wer ist überhaupt verantwortlich für die berufliche Weiterqualifizierung: das Unternehmen oder der einzelne Mitarbeiter? Aussterben werden wir, wie eine Kongressteilnehmerin meinte, mit der Methode: Der Chef wählt aus, bezahlt und lobt den Mitarbeiter für seine Bereitschaft, sich fortzubilden. „In den kleinen und hoch innovativen Dienstleistungsunternehmen der IT-Branche läuft das anders: Die Mitarbeiter suchen sich ihre Seminare selbst aus, sie investieren ihre eigene Zeit. Und sie zahlen die Gebühr auch noch selbst", erklärte Sibylle Busch von MTC-Management + Technologie Consultants den Trend der Zukunft. Pure Ausbeutung sei das, meinte der eine Teil ihrer Zuhörer. Die anderen sahen in diesem Transfer der Weiterbildungsverantwortung auf die Mitarbeitenden bereits eine ganz selbstverständliche Überlebensstrategie.

Lernpartner Computer

3

Der Computer als Lern-Mittel 40

Maschine und/oder Mensch? 42

Lernmuster – Lernformen 43

Der selbstaktive Einzelkämpfer 45

Lerntandems – Lernpartnerschaften . . . 47

Lerngruppen in virtuellen
Klassenzimmern 48

Dozenten ohne Ornat 49

E-Training durch den Online-Coach 52

Moderne Scouts: Die Wissens-Broker . . 54

Der Computer als Lern-Mittel

Menschen haben zum Lernen schon immer technische Hilfsmittel herangezogen. Und im Verlauf von Jahrtausenden haben sich diese von einfachsten mechanischen Geräten zu hochkomplizierten Apparaten gewandelt – bis hin zum Multimedia-Computer, dem starken elektronischen Lernpartner der Gegenwart.

Lernphasen versetzen uns immer in eine Art Ausnahmezustand. Wir konzentrieren unsere Aufmerksamkeit, unsere Energie auf Neues. Daneben hat der Alltag möglichst reibungslos zu funktionieren. Das gilt verschärft für den Lernpartner Computer. Kommt es häufiger zu Abstürzen oder zu Problemen mit wichtiger Software wie dem Browser oder dem E-Mail-Programm, dann wird das virtuelle Studium, wird das Telelearning zur Qual.

Hardware-Voraussetzungen

E-Training setzt voraus, dass Ihr Computer einen ausreichend großen Arbeitsspeicher hat, möglichst 64 MB oder mehr. Für CBT genügt ein CD-Rom-Laufwerk. Für WBT und virtuelle Fernstudien benötigen Sie ein Modem oder eine ISDN-Karte. Dazu multimediafähige Hardware, also eine gute Grafik- und Soundkarte, sowie Lautsprecher und Mikrofon und die entsprechende Software. Am besten erkundigen Sie sich beim Anbieter des gewünschten Lernprogramms nach der erforderlichen Hard- und Software, bevor Sie mit dem Lernen starten. Wenn Sie über einen längeren Zeitraum am Computerbildschirm lernen wollen, sollten Sie Wert auf eine hohe Auflösung und ein großes Format (möglichst über 15 Zoll) achten. Investieren Sie lieber in einen neuen Bildschirm und streichen Sie dafür einen anderen Wunsch.

Der Computer als Lern-Mittel

Profi-Tipp:

Wichtig ist auch, welchen Zugang ins Internet Sie nutzen wollen und wer die Kosten dafür trägt. Steht Ihre Weiterbildung im Zusammenhang mit beruflichen Aktivitäten, wird vermutlich der Computer an Ihrem Arbeitsplatz zum Lernpartner werden; eventuell zusätzlich auch Ihr Gerät zu Hause. Dann ist die Frage der Zugangsmöglichkeit ebenso rasch geklärt wie die Frage der Kosten: Ihr Arbeitgeber wird sie übernehmen. Klären müssen Sie lediglich, ob die Firma oder Institution eine eigene Standleitung hat, die auch für die Lernaktivitäten permanent zur Verfügung steht.

Achtung: Anders ist es, wenn Sie freiberuflich tätig sind oder das E-Training eine reine Privatsache darstellt. Dann spielen die Kosten eine Rolle, die während der Online-Verbindung zum Server des Anbieters entstehen, also die Online-Gebühren Ihres Providers (zum Beispiel AOL, T-Online oder einer der zahlreichen kleinen Internet-Provider) und die Telefongebühren. Wenn Sie ein Vielsurfer sind, werden Sie durch einen ISDN-Anschluss Vorteile haben. Wenn Sie oft unterwegs sind und mit Ihrem Laptop lernen wollen, ist die Einwahl über ein Handy unter Umständen die erste Wahl. Denn so manche Telefonsteckdose in einem Hotel, einem Tagungshaus oder einer Ferienanlage kann sich völlig unerwartet als Sackgasse erweisen. Um in solchen Fällen nicht mit einem umfangreichen Sortiment an Adaptern hantieren zu müssen, ist die Alternative Handy vorzuziehen. Mit Ihrem Computerfachmann müssen Sie vorher allerdings klären, wie Modem und Handy zusammenpassen.

Lernpartner Computer

Maschine und/oder Mensch?

Keine Frage, wir lernen alle ganz verschieden, sowohl was die Lernmaterialien, die Hilfsmittel und die notwendige Unterstützung durch Personen angeht, als auch bezüglich des Tempos, der Vorgehensweise und der Aufnahmefähigkeit und Speicherkapazität des Gehirns. Manche Menschen lernen ausgezeichnet über Bücher und andere während Kursen, Kongressen oder Vorlesungen. Wieder andere brauchen zum Lernen konkrete Vorbilder, an denen sie sich ausrichten können. Von diesen Personen lassen sie sich etwas sagen, von ihnen wollen sie in ihrer Lernmotivation gestützt werden, bei ihnen möchten sie abschauen.

Viele von uns lernen am leichtesten durch die Kombination von Lesen und Schreiben, Hören und Sprechen. Das sind sie gewohnt, denn das ist die übliche Vorgehensweise bei schulischem Lernen und bei Sprachkursen. Doch auch hier ist für die meisten das persönliche Miteinander von Lehrern und Schülern, ist die zwischenmenschliche Dimension der Interaktion Voraussetzung für den Lernerfolg.

Am besten lernen wir, indem wir es tun: „Learning by doing" gilt allgemein als die effizienteste Art des Lernens. Aber das Lernen beim Arbeiten, das Begreifen, indem wir handeln, das braucht besondere Bedingungen. In manchen Bereichen ist es einfach zu riskant, ohne vorheriges Training loszulegen: im Operationssaal beispielsweise oder bei der Sprengkörperbeseitigung. Lernen wird sich also weiterhin an drei verschiedenen Stellen abspielen: „Off the Job", „Near the Job" und „On the Job".

> **Prüfen Sie: Ihre Lerneigenschaften**
>
> Wer Lernprofi werden will, forscht am besten intensiv zunächst bei sich selbst:
> - Welcher Lerntyp bin ich?
> - Welche Lernkompetenz habe ich schon?
> - Wie erfahre ich mich als Lernende(r)?
> - Welche Erfahrungen habe ich mit Selbstlernen?
> - In welchem Rahmen und unter welchen Bedingungen lerne ich besonders effizient?

Lernmuster – Lernformen

Einer Gruppe von Führungskräften wurde im Verlauf eines Managementtrainings die Frage gestellt: „Wie lernen Sie?" Die Antworten der Männer und Frauen helfen Ihnen, Ihre eigenen effizienten Lernmuster zu erkunden: Ich lerne . . .

> **Checkliste: Effiziente Lernmuster**
>
> - an männlichen/weiblichen Autoritäten
> - indem ich Bücher lese
> - durch wohlwollende Unterstützung und Förderung
> - indem ich ins Wasser springe (im übertragenen Sinne)
> - indem ich auf die Nase falle
> - durch Fragen
> - durch Widerspruch
> - indem ich mich zurückziehe und nachdenke
> - durch Ratschläge von Dritten
> - indem ich an Grenzen gehe

Lernpartner Computer

> *noch: Checkliste: Effiziente Lernmuster*
> - durch Diskussionen
> - durch Kunst, Literatur, Bilder, Musik
> - durch Spiel
> - durch beharrliche Übung
> - durch Herausforderung
> - durch Abschauen
> - über meine Kinder
> - durch Versuch und Irrtum
> - durch Tun

Unzählige Kombinationen dieser und noch weiterer Lernmuster sind möglich und kennzeichnen die Lernfähigkeit von Schülern, Studenten, Kursteilnehmern, Weiterbildungs- und Entwicklungswilligen in aller Welt.

Diese individuellen Lernmuster sind entscheidend, um die Fragen beantworten zu können:

- Wie stark kann ich mich auf den Lernpartner Computer einlassen?
- Welche Lernprogramme kommen für mich in Frage und welche auf keinen Fall?
- Reicht mir eine Lernsoftware auf CD-Rom?
- Kann ich damit und mit dem dazugehörigen Arbeitsbuch alleine mein Lernziel erreichen?
- Wie wichtig sind für mich direkte Kontakte zum Lehrpersonal und zu den anderen Schülern oder Studenten?
- Was ist, wenn ich Probleme bekomme: mit dem Lernprogramm, mit der Technik, mit den Inhalten?

Die nun schon über einige Jahre angesammelten Erfahrungen mit Lernsoftware haben dazu geführt, dass mittlerweile immer mehr Anbieter die reinen computer-unterstützten Lernprogramme auf CD-Rom durch Online-Module ergänzen. Damit erhalten die Nutzer die Möglichkeit, mit Lehrenden und Mitlernenden in Kontakt zu treten und sich über alle möglichen, mit dem Lernstoff und dem Lernprozess in Verbindung stehenden Dinge austauschen zu können. Gute Bildungsinstitute haben für diesen Austausch, und insbesondere für die virtuellen Angebote mehrere Varianten eingerichtet: Internet-Foren, Chatrooms, E-Mail-Betreuung und Videokonferenzen. Einzelne kombinieren dies alles noch mit einem oder mehreren Face-to-Face-Workshops im Verlauf des Kurses.

Der selbstaktive Einzelkämpfer

Menschen, die genau wissen, was sie bewegt, welche Ziele sie erreichen und auf welchem Weg sie dorthin gelangen wollen, haben es leichter mit dem Lernpartner Computer. Sie sind von sich heraus motiviert und nicht unbedingt darauf angewiesen, während Lernphasen „unter Kontrolle" oder beständiger Aufforderung zur Mitarbeit durch andere zu stehen. Die hohe Eigenmotivation ist eine wichtige Voraussetzung für erfolgreiches E-Training, vor allem für die über viele Monate und Jahre andauernden virtuellen Studiengänge. Die Lernenden müssen begeistert sein von dieser neuartigen Form der Weiterbildung. Und diese Begeisterung muss anhalten über die gesamte Dauer der Lernphase. „Es reicht nicht," meint dazu Ulrich Bernath, „wenn jemand begeistert einsteigt nach dem Motto ‚Hey, diese Art des Lernens ist cool!', und nach kurzer Zeit bekommt er die Krise, weil er schnell mal zu einem Bayern-München-Spiel muss oder nur an die tollen Ski-Bedingungen in der Schweiz denkt."

Wichtig: Selbstaktives Lernen verlangt die Fähigkeit, im Rahmen der vorgegebenen Möglichkeiten einen stimmigen Lernprozess für

Lernpartner Computer

sich zu planen und sich diszipliniert daran zu halten. Bei der Sache zu bleiben, auch wenn niemand da ist, der mit einem aufmunternden Lächeln oder dem Satz: „Sie schaffen das schon" über die mit an Sicherheit grenzender Wahrscheinlichkeit auftretenden Phasen der Schwerfälligkeit oder der Demotivation hinweghilft. Hat es in der Schule einstmals noch zur Versetzung gereicht, wenn kurz vor den letzten Klassenarbeiten tüchtig gepaukt wurde, so ist das für Fernlehrgänge und Fernstudien ganz und gar nicht garantiert. Insbesondere Online-Lernstoff muss kontinuierlich abgearbeitet werden, sonst gibt es Probleme.

Bei den traditionellen Fernlehrgängen und Fernstudien ist die Zahl der Abbrecher sehr hoch. Die Schätzungen liegen bei rund 40 Prozent. Darunter sind sicherlich viele Menschen, die das Arbeitspensum schlicht unterschätzt haben.

Profi-Tipp:
Erkundigen Sie sich intensiv nach dem täglichen bzw. wöchentlichen Lernpensum und dem dafür angesetzten durchschnittlichen Zeitaufwand. So können Sie besser einschätzen, ob Sie bei diesem Tempo mithalten können.

Fernunterricht findet in aller Regel parallel zur Berufstätigkeit und eventuellen zusätzlichen Familienpflichten statt. Während Sie an einer schwierigen Aufgabe zu knacken haben, schreit im Nebenzimmer das Baby, klingelt das Telefon, meldet die E-Mail-Software neue Post in der Mailbox. Wissen Sie dann, was zu tun ist und wie Sie sich wieder ein produktives Lernumfeld erobern? Denn alles einfach bis auf weiteres hinschmeißen und später abschreiben bei einem Klassenkameraden ist bei dieser Form des Lernens nicht möglich.

Achtung: Kontinuierliches Lernen verlangt Durchhaltevermögen. Und berufsbegleitende Weiterbildung erst recht.

Es ist ein wenig wie beim Abnehmen: Zunächst kullern die Pfunde nur so. Sie freuen sich jedes Mal, wenn Sie auf die Waage steigen. Dann aber kommt eine Zeit des „Rien ne va plus", nichts geht mehr, obwohl Sie kaum etwas essen. Wenn Sie jetzt aufhören, war alles umsonst. Halten Sie aber durch, dann schwinden auch die letzten überflüssigen Pfunde nach und nach. In ähnlichen Hochs und Tiefs verlaufen auch Lernprozesse.

Kontinuierliches Dranbleiben am Lernstoff hat den Vorteil, dass das Lernpensum pro Tag oder Woche in erträglichem Umfang bleibt. Und wenn dann doch einmal eine Zwangspause beim Lernen entsteht, kann das Versäumte in relativ kurzer Zeit nachgeholt werden. Solche Zwangspausen können immer mal wieder entstehen; dann vor allem, wenn der Lernpartner Computer seinen Dienst verweigert. Und das kommt ja leider gar nicht so selten vor.

Lerntandems – Lernpartnerschaften

Wie in der traditionellen Weiterbildung auch, haben Sie bei vielen Kursen und Weiterbildungsseminaren, die sich über einen längeren Zeitraum und mehrere Bausteine erstrecken, eine Lernpartnerschaft mit einem beziehungsweise einer festen Lernpartner/-in. Mit ihm oder ihr stehen Sie während der gesamten Lernperiode in ständigem Kontakt. Jeder Lernpartner wählt für sich ein in Zusammenhang mit dem Kursthema stehendes Lernprojekt aus, das in einem direkten Bezug zu seiner beruflichen Tätigkeit steht. Im Tandem bearbeiten Sie parallel zum Kurs ihre beiden Lernprojekte. In dieser „Personal-Partnership" agieren Sie also sowohl als Lernender als auch als Lehrender. Sie entscheiden selbst, welche Kommunikationswege Sie für diesen regen Austausch wählen: E-Mail, Telefon, Fax oder – wenn die Entfernung es zulässt – auch das eine oder andere persönliche Treffen.

Wichtig: Solche Lerntandems haben den Vorteil, Fragen und Details, die Sie nicht alleine klären können, die sie aber auch nicht mit

Lernpartner Computer

dem Trainer oder Dozenten diskutieren wollen, in einer zunehmend vertraulicheren Partnerbeziehung zu behandeln. Und weil sich diese Beziehung im Cyberspace gestaltet, ist ein solches Lerntandem auch für jene Menschen eine akzeptable Form der Lernunterstützung, die ansonsten lieber als Einzelkämpfer agieren und schon in der Schule nicht gerne mit anderen zusammengluckten. So paradox es klingen mag: aber diese Lernpartnerschaft über Datennetze schafft Nähe trotz Distanz.

Lerngruppen in virtuellen Klassenzimmern

Die meisten Aus- und Weiterbildungskurse im Präsenzunterricht sind auf eine begrenzte und auf die gesamte Dauer des Kurses gleich bleibende Teilnehmergruppe ausgerichtet. Dies gilt auch für viele Online-Angebote. Die Kursteilnehmer werden einer Lerngruppe zugeteilt, die einzelnen Gruppenmitglieder wissen voneinander und können sich über E-Mail austauschen. Zu bestimmten Zeiten kommen sie alle im Chatroom, im virtuellen Klassenzimmer der Gruppe zusammen. Die Teilnehmer der Online-Lerngruppen können aus aller Herren Länder stammen. Vielleicht können Sie hier also zum ersten Mal erleben, was Internationalität heißt.

Für die international agierenden Unternehmen ist dieses Aufeinandertreffen von Vielfalt aus Nationalitäten, Kulturen, Religionen, Sprachen, Temperamenten und Talenten, aus Jung und Alt, Frauen und Männern ein erstrebenswertes Ziel für gelebte Unternehmenskultur: Man nennt sie „Diversity". Diversity setzt voraus, dass die Unterschiede als Bereicherung und als Ergänzung geschätzt werden; nicht als das Andere, das Fremde, das Trennende gefürchtet und bekämpft.

Im Zuge der Globalisierung wird Internationalität und damit Diversity für die meisten von uns eine ganz besondere Herausforderung zum Lernen darstellen. E-Training in einer internationalen Lerngruppe und im multikulturellen virtuellen Klassenzimmer ist eine erstklassige Möglichkeit, diese Herausforderung erstmals anzunehmen. Sie hat den Vorteil, nicht gleich unmittelbar mit all dem Ungewohnten konfrontiert zu werden, sondern sich den realen Personen erst einmal nur übers Datennetz zu nähern.

Profi-Tipp:

Die Mitglieder von Lerngruppen profitieren aus den Kontakten im virtuellen Klassenzimmer mehrfach: Onlineschüler und -studenten verfügen in der überwiegenden Mehrzahl über mehrjährige Berufserfahrung. Darunter sind oft Frauen, die Beruf und Familie vereinbaren, also ganz spezielle, wertvolle Erfahrungen gemacht haben. Und diese ganzen Ressourcen kommen allen in der Lerngruppe gleichermaßen zugute, denn sie werden üblicherweise im Chat ausgetauscht, sobald beim gemeinsamen Lernstoff bestimmte Fragen berührt werden.

Wie im Lerntandem auch, haben Sie in der Lerngruppe immer jemanden, der oder die Sie in schwierigen Lernphasen unterstützt. Teilnehmer von Online-Kursen bestätigen immer wieder die ungewöhnlich hohe Bereitschaft zu gegenseitiger Hilfe – sowohl in der Sache als auch bei ganz persönlichen Fragen und vor allem bei Motivations-Durchhängern. Beziehungskapital erwächst aus solchen Lerngruppen. Es bilden sich Seilschaften und Netzwerke, die – oft über viele Jahre – von Bedeutung für Ihr berufliches Vorankommen sind. Ganz abgesehen davon, dass daraus Freundschaften fürs Leben entstehen können.

Dozenten ohne Ornat

Was macht in der Schule das Lernen in AGs so attraktiv? Neben der viel kleineren Lerngruppe sind es vor allem das gemeinsame Thema, der wesentlich lockerere Umgang untereinander und das entspannte Verhältnis zur Lehrerin oder dem Lehrer. Diese Re-

Lernpartner Computer

spektsperson erscheint mitunter wie umgedreht. Aus dem Pauker wird ein Partner mit Persönlichkeit und individueller Ausstrahlung, mit oft erstaunlichem Humor und einer Menge Erfahrung, die mit dem Unterrichtsthema oft überhaupt nichts zu tun hat. Im Unterricht vor der Klasse kommt dies alles kaum zur Geltung, weil es da um fristgerechtes Durcharbeiten des vorgegebenen Lernstoffs geht. In der AG haben dagegen auch Diskussionen, nachdenkliche Phasen und natürlich auch der Spaß ihren Platz.

Wichtig: Neben der fachlichen Autorität tritt die soziale Kompetenz der Lehrperson ins Bewusstsein der Schüler. Fragen werden unbefangener gestellt, Aufgaben freudiger erledigt.

Sie werden im Verlauf eines professionell begleiteten virtuellen Studiums oder eines Online-Seminars mit persönlicher Betreuung ähnliche Erfahrungen mit dem Lehrpersonal machen können. Denn auch Dozenten und Trainer sehen sich beim selbstgesteuerten Online-Lernen vor erhebliche Veränderungen gestellt und erleben sich in einer ganz neuen Rolle: der des Lernberaters, des Lerncoachs. Ihre Schüler, ihre Studenten sitzen verstreut und möglicherweise in ganz verschiedenen Zeitzonen. Sie müssen sich sensibel auf die jeweilige Situation und das persönliche Bedürfnis jedes einzelnen Schülers, Studenten, Kursteilnehmers einstellen – ob es nun um Motivationsprobleme oder Schwierigkeiten mit den Aufgaben geht. Sie müssen eventuell am selben Tag phantasievoll die Isolation eines Schülers im hintersten Winkel des österreichischen Waldviertels aufbrechen und mit einigen guten Tipps auf englisch der Überforderung eines anderen Schülers im fernen Surinam vorbeugen können.

Diese Lehrpersonen helfen beim Aufbau einer Erfolg versprechenden Lernstrategie ebenso wie bei der Auswahl weiterer Lernbausteine. Und dies alles weitestgehend über E-Mail. Sie müssen unter Umständen bereit sein, schon frühmorgens oder noch spätabends am Computer dringende Fragen ihrer Schützlinge zu beantworten,

Dozenten ohne Ornat

Hinweise auf wichtige Quellen zu geben oder mit Emoticons verzierte Mutmacher auf die Reise durchs Internet zu schicken. Keine Respekt heischenden Auftritte im vollen Ornat; kein Beifall heischender rhetorischer Diskurs hilft hier zum Aufbau von Autorität. Respekt und Vertrauen, Akzeptanz und vielleicht auch Bewunderung müssen sich die Damen und Herren auf den virtuellen Lehrstühlen auf andere Weise bei ihren Schülern verdienen.

Wichtig: Tele-Tutoren müssen neben ihrer fachlichen Qualifikation, dem didaktischen Talent und der Freude im Umgang mit lernenden Menschen auch technisches Wissen mitbringen. Nicht selten gibt es nämlich Probleme mit dem Handwerkszeug: dem PC oder Mac, CD-Roms oder der Internet-Software.

Die „tele-akademie" der Fachhochschule Furtwangen bietet Interessierten zur Qualifikation einen Kurs „Tele-Tutor-Praxis" an: **http://www.fh-furtwangen.de**

Eine der Personen, die sich seit Jahren voll und ganz dem „Distance Learning" verschrieben haben und als Dozenten immer wieder ganz real die Nacht zum Tag werden lassen (er sitzt in Oldenburg, seine Studenten in aller Welt), ist Ulrich Bernath. Der schon erwähnte Dozent von der Carl-von-Ossietzky-Universität plädiert stärkstens für gute Dozenten, Tutoren und Trainer. Hier einige Zitate von ihm:

- „Wer glaubt, selbstständiges Lernen und hohe Eigenmotivation bei allen voraussetzen zu können, wird sein Desaster erleben".

- „Reines Delivery ohne jede Betreuung bringt gar nichts. Wir müssen die Teilnehmer aktivieren, immer wieder, damit Selbstaktivität und hohe Motivation über einen langen Zeitraum stabil bleiben. Wer die Diskussion will, muss die Diskussion führen – das ist eine Holschuld und keine Bringschuld."

Lernpartner Computer

- „Nicht die ganze Verantwortung für ein erfolgreiches virtuelles Studium oder ein Online-Seminar liegt bei den Lernenden. Die Teilnehmer müssen sich auch auf einen pfleglichen Umgang seitens ihrer Dozenten und Tutoren verlassen können. Da sind die Amerikaner sehr nachlässig. Da haben wir hier einfach ein anderes Niveau."

- „Ein schlechter Dozent braucht gar nicht erst online zu gehen. Er bleibt schlecht. Aber ein guter Dozent hat die Chance, auch ein guter Online-Dozent zu werden. Aber es ist nicht garantiert. Er muss sich dafür die Qualifikation erst schaffen."

E-Training durch den Online-Coach

Ihr Computer kann für Sie auch die Brücke zu einem Coach darstellen: zu Beraterinnen und Beratern, die Ihnen über das Internet ein professionelles, lösungsorientiertes Training zur effektiven Bewältigung beruflicher Probleme anbieten. Coaching für Führungskräfte erfolgt in der Regel „unter vier Augen", das heißt: diskret und in einem Rahmen, der sehr persönlich ist.

Achtung: Wer sich für Online-Coaching entscheidet, verzichtet bewusst auf diesen besonderen Schutz (E-Mails sind nun einmal nicht sicher vor Einsicht durch Dritte) und auf das ganz persönliche Gegenüber. Die Beratung erfolgt dafür ohne lange Wartezeiten oder Anfahrtswege.

Schon viele Führungskräfte haben erkannt, dass sie konfliktreiche Prozesse und schwierige Situationen in den von Wandel und Umbruch geprägten Zeiten besser und schneller bewältigen, wenn sie sie mit Hilfe eines Coachs (auch weibliche Berater werden so genannt) reflektieren und mit ihm oder ihr gemeinsam Problemlösungen erarbeiten und neue Handlungsmuster einüben. Allein mit fachlicher Schulung, mit einem weiteren Training oder mit Fachliteratur kommen sie nicht weiter.

E-Training durch den Online-Coach

Nirgendwo sonst in der Förderung und Entwicklung von Führungskräften geht es so direkt um die Person selbst wie im Einzelcoaching. Die häufig zur Schau gestellte Fassade des Alleskönners bröckelt rasch unter den analysierenden Fragen des Coachs. Und die schaumige Attitüde des Superprofis fällt schnell zusammen im Vier-Augen-Gespräch. Erfolgt es über E-Mail, bleiben wichtige Teile der zwischenmenschlichen Kommunikation verwehrt. Online-Coaching stößt also zwangsläufig an Grenzen. Wie phantasievoll ein Berater oder eine Beraterin dieses Manko auszugleichen versucht, müssen Sie selbst herausfinden.

Im WWW entdeckt: Online-Coach F. Willi Bauer

„Seine Klienten

- sind beruflich belastet und wollen ihre Arbeitssituation mit einem Fachmann besprechen
- finden bei der Problembewältigung alleine keine Lösung
- möchten ihre berufliche Situation analysieren und die auftretenden Probleme verstehen lernen
- wünschen sich jemanden, der ihnen fachmännisch zuhört, sie versteht und fordert
- ärgern sich immer häufiger über Mitarbeiter oder Kollegen
- wollen etwas Neues beginnen, wissen aber nicht, wie sie es anfangen sollen
- möchten ein (neues) Gleichgewicht zwischen beruflichen Anforderungen und persönlichen Bedürfnissen erreichen
- wollen ihre Karriere planen
- stehen vor einem Berufswechsel oder wollen sich selbstständig machen

Lernpartner Computer

- möchten neue Kommunikationsformen und Problemlösungsstrategien kennen lernen und ausprobieren
- sind auf der Suche nach neuen Visionen
- wollen ihr Selbstbewusstsein stärken
- sich einfach nur etwas Gutes tun wollen"

Aus dem Angebotstext:

„Über E-mail und/oder telefonische Kontakte können wir Ihre Anliegen erörtern und Lösungen erarbeiten. Sie können in Ruhe Ihre Probleme beschreiben und meine Anregungen, Fragen und Antworten reflektieren.

Bei einem ersten Kontakt kann ich Sie und Ihr Anliegen kennen lernen (Sie bekommen zunächst einen Fragebogen) und überprüfen, wie ich Ihnen behilflich sein kann. Anschließend unterbreite ich Ihnen ein entsprechendes Angebot.

Sie können entscheiden, ob Sie eine von mir ausgearbeitete Lösung für Ihr Anliegen (Expertenberatung) oder eine gemeinsame Entwicklung Ihrer Lösung in einem dual verlaufenden Prozess wünschen. Je nach Ihrer Wahl können dann regelmäßige – an Ihre Zeitstruktur angepasste – Kontakte stattfinden."

Moderne Scouts: Die Wissens-Broker

Noch können Computer nicht selbstständig auf einen bestimmten Code hin alle für eine Lösung relevanten Daten aufspüren und aussondern. Dazu braucht es erfahrene Cyberscouts und Online-Detektive. Denn: „Fließend wie ein Magmastrom verändert die virtuelle Welt fortwährend ihr Gesicht", meint Florian Rötzer in seinem wichtigen Buch „Megamaschine Wissen", aus dem im vorhergehenden Kapitel bereits zitiert wurde. Die ungeheure Dynamik des Wachstums, des Verschwindens und Umgestaltens verlangt nach

Moderne Scouts: Die Wissens-Broker

Menschen, die die Wissensbestände finden, durchforsten, die Daten bewerten und für ihre Auftraggeber alles Wichtige abrufen: so genannte Wissens-Broker. Dieses Etikett wählen übrigens schon viele Bibliothekare als neue Berufsbezeichnung. Und nicht wenige Studenten, beispielsweise der Hochschule für Bibliotheks- und Informationswesen in Stuttgart, bieten bereits während ihrer Ausbildung Dienste als Wissens-Broker an.

Die Global Players machen's vor! 4

Paradigmenwechsel im digitalen
Zeitalter 58

Preisgekrönter Global Campus der IBM 59

Die E-Dimension of Executive
Development bei DaimlerChrysler 61

Bankakademie Frankfurt:
Fit fürs Banking der Zukunft 66

Ein Markt in heftiger Bewegung 69

Ausgefeilte Simulationen und Planspiele
für High Potentials und Teams 75

Paradigmenwechsel im digitalen Zeitalter

E-Training ist als Teil der Qualifizierung ihrer Mitarbeitenden und der Entwicklung ihrer Führungskräfte für viele mittelständische Betriebe und die meisten Großunternehmen bereits eine bare Selbstverständlichkeit. In globalen Konzernen beträgt der Anteil des Web-based Trainings an der Personalentwicklung schon rund ein Viertel bis ein Drittel und gehört zum Pflichtpensum des Managements an allen Standorten. Firmeneigene Datenautobahnen und Multimedia-Plattformen erfüllen dabei die verschiedensten Wünsche: Online-Wissenstransfer, virtuelle Teamarbeit über Kontinente hinweg, E-Business und Web-based Management Development – die Intranet-Plattformen ermöglichen vielfältige Nutzung. Entsprechend variantenreich und unterschiedlich sehen die Online-Lernprogramme von SAP und Siemens, von DaimlerChrysler, IBM oder der Deutschen Telekom – um nur wenige zu nennen – aus.

Diese Global Players machen der Welt vor, wie anspruchsvolles Informations- und Wissensmanagement mit Hilfe der elektronischen Vernetzung und multimedialer Gestaltungselemente aussehen kann. Sie brauchen die modernen Informations- und Kommunikationstechniken, um den Paradigmenwechsel im digitalen Zeitalter vollziehen zu können; um weiter zu den Siegern zu gehören.

Paradigmenwechsel	
Verlierer:	**Gewinner:**
Man Power	Intelligenz (the best)
Größe	Geschwindigkeit
Standort	Datenkommunikation
Persönliche Interaktion	Virtuelle Teams
Kapital	Ideen

Preisgekrönter Global Campus der IBM

Schon in den achtziger Jahren des vorigen Jahrhunderts (so kurz nach der Jahrtausendwende klingt das seltsam in den Ohren, ist aber korrekt!) hat der Computer-Riese mit Bildplatten und Touchscreen erste Gehversuche beim computergestützten Lernen unternommen. Das Niveau der virtuellen Lernumgebung und die Qualität der einzelnen Lernmodule ist seither kontinuierlich gestiegen. Seit Anfang 1999 gilt das WBT im Intranet der IBM weltweit als top. Der „Global Campus" für die Führungsentwicklung hat sogar schon Preise eingeheimst. 200 Millionen $ sind 1999 in die Online-Lernprogramme geflossen, im vierten Quartal allein 80 Millionen. E-Learning macht bereits ein Viertel des gesamten betrieblichen Aus- und Weiterbildungsaufwands der IBM aus.

Wolfgang Sommermeyer hat diese Zeit des Aufbaus und der Entwicklung von E-Training bei der deutschen IBM-Tochter miterlebt. Der Management-Trainer und Coach bezeichnet die virtuelle Weiterbildungs- und Wissenswelt des IT-Konzerns als Gegenstück zur „urdeutschen Bildungslandschaft", die liebenswert sei, aber für den globalen Wettbewerb „hochgefährlich". Global Business, das sei eine „knallharte Realität, bei der jeder einfach gezwungen werde, massiv dazuzulernen. Im „Learning Center" in Herrenberg, der ehemaligen IBM-Führungsakademie, können die dazu notwendigen „Learning Services" abgerufen werden. „Learning is an extended process, not a one-time-event", lautet das Motto.

Beim Surfen im Global Campus des IBM-Intranets wird schnell klar, dass diese Lernwelt keine Volkshochschule auf modern darstellt. Hier geht's zur Sache. Wer sich in der „High Performance Welt" der IBM bewegt, muss ständig auf dem Höhepunkt seiner Leistung sein. Problematisch ist das für ältere Mitarbeiter, die diesem Anspruch an Perfektion und Flexibilität, an geistige und räumliche Mobilität nicht mehr entsprechen können oder wollen.

Die Global Players machen's vor!

Auf der Basis eines „Personal Business Commitments" erlebt sich der Mitarbeiter eigenverantwortlich für seine Entwicklung. Dafür erhält er von seinem Arbeitgeber ein höchst attraktives Lernumfeld. Ein Link führt ihn und sie direkt zum Career Planner, der die Pfade zur Höherqualifikation weist. Zu diesem Zweck wird auf Skill-Datenbanken zurückgegriffen. Eine computergestützte Potenzialanalyse erbringt die Lernfelder, die die Grundlage für ein Gespräch mit dem Vorgesetzten bildet. Gemeinsam mit dem Chef oder der Chefin wird dann der konkrete Weiterbildungsplan ausgetüftelt.

„Die Weiterbildung bleibt nie dem Zufall überlassen", berichtet Sommermeyer. Sie ist selbstverständlicher Teil des Jobs. Eine entsprechende Erfolgsorientierung wird bei jedem Mitarbeiter vorausgesetzt. Die individuelle Karriere ist fest gekoppelt an das erfolgreiche Durchlaufen des Entwicklungsparcours. Niemand kann sich ausklinken. Man ruft seinen nächsten Kurs auf und trägt sich ein. Der jeweilige Arbeitsbereich wird mit den Kosten dafür belastet.

Für neu ernannte Führungskräfte vollzieht sich die Entwicklung in vier Stufen. Und auf allen Stufen ist Online-Learning integriert:

- 1. Stufe: Information und Einsichten
- 2. Stufe: Interaktive Simulationen, beispielsweise Coaching
- 3. Stufe: Qualifizierung in Technologie – Lotus im Teamroom
- 4. Stufe: Face-to-Face Trainings

Alle Module sind klar anwendungsorientiert. Es gibt keine „Online-Sandkastenspiele", stattdessen zum Beispiel konkrete Übungsszenarien für die Executive-Manager, bei denen die fachliche Seite ebenso angesprochen wird wie die emotionale Intelligenz. 360-Grad-Feedback ist fester Bestandteil der Managemententwicklung. „Jeder muss sich voll einsetzen in diesem Geschäft" – damit rechtfertigt der Managementtrainer die konsequente Ausrichtung des Management Development. Shareholder Value, Best-Practice-Wettbewerb – hier werden die Auswirkungen auf die Führungsriegen mehr als deutlich.

Wichtig: Die Personalentwickler im Hause IBM sind sich darüber im Klaren, dass damit auch schon den jungen Leuten sehr viel Verantwortung abverlangt wird. Aber diese Lernangebote und die PE-Strategie werden offensichtlich akzeptiert. Insbesondere die Online-Weiterbildung gilt vielen als seriöser und fairer, weil die Lernenden unbeeinflusst von der Sympathie oder der Antipathie der Dozenten und Trainer bewertet werden. „Emotionale Spielchen" sind Computern – bisher noch – fremd.

Die Lernkonzepte werden permanent validiert, neue Tools werden implementiert. Schon bald soll E-Training ein Mehrfaches des jetzigen Global Campus umfassen. Eine kritische Frage aber bleibt – zumindest in den europäischen IBM-Standorten: die Frage nach der Unterstützung durch ein soziales Umfeld, der „Support" für Selbstmotivation und die Möglichkeiten der interpersonalen Kommunikation.

Die E-Dimension of Executive Development bei DaimlerChrysler

Eine Visitenkarte für ein Führungskräfte-Entwicklungsprogramm? Ja, es existiert eine solche. Und Michael Müller verteilt sie gerne, die kleine Karte von „The E-Dimension of Executive Development – DaimlerChrysler Corporate University Online" mit der Adresse **http://intra-dcu.daimlerchrysler.com**. Der Leiter Knowledge Management an der konzerneigenen Managerschmiede gerät schnell ins Schwärmen, wenn er Einblick in das Ergebnis von gerade einmal eineinhalb Jahren Entwicklungsarbeit an der neuen Intranet-gestützten Lern- und Wissensplattform für die insgesamt 7 100 leitenden Führungskräfte des Konzerns gewährt. Und der Gast versteht diese Begeisterung für das eigene Produkt nach kurzer Zeit sehr gut. Schon nach wenigen Mouseclicks beneidet man die Managerinnen und Manager, die sich mit diesem virtuosen Instrument weiterbilden können. Seit Mai 1999 arbeitet „DCU Onli-

Die Global Players machen's vor!

ne" in der Pilotphase mit etwa einem Drittel der Zielgruppe. Ende des Jahres 2000 sollen dann alle 7100 weltweit „auf der Lernplattform präsent sein" (Website siehe Seite 64/65).

Hinter „DCU" Online verbirgt sich ein konzerneigener globaler Multimedia-Campus, der nur mit Zugangsberechtigung aufgesucht werden kann. Schließlich dienen die Aktivitäten der Corporate University nicht uneigennützig den persönlichen Karrieren der Topleute, sondern vermitteln in erster Linie die strategische Stoßrichtung des Automobilriesen. Und mit dem Intranet wird die Implementierung der Konzern- und Geschäftsstrategien in alle Bereiche weltweit enorm beschleunigt.

Die technische Plattform als Bote für Leitbilder, Ziele, Strategien; ein virtuelles Feld, auf dem Corporate Identity, Wissen und konzernweites Commitment gedeihen? DCU-Online-Chef Müller und sein überraschend kleines Team sind weit davon entfernt, herkömmliche „Face-to-Face"-Aktivitäten in der Personalentwicklung abschaffen zu wollen. Wo Menschen andere Menschen direkt um sich brauchen, um etwas dazuzulernen; wenn also eine „personale Sozialarchitektur" verlangt wird, kann der Computer als Lernpartner und Wissensvermittler einfach nicht mithalten: etwa bei der Entwicklung von Teamfähigkeit und Sozialverhalten oder bei Übungen zur besseren Mitarbeiterführung oder der Steuerung von Gruppenprozessen oder bei Konfliktmanagement-Trainings. Online-Module unterstützen auch diese Lern-Prozesse, ersetzen sollen sie die Workshops und Gruppentrainings allerdings nicht.

In drei Sektoren sind die Aktivitäten und Angebote der DaimlerChrysler Corporate University, auch die Online-Lernumgebung, gesplittet: Qualifikation, Information und Entwicklung. Über Management Development hinaus bietet das ausgeklügelte Wegenetz auf der Intranet-Plattform beste Bedingungen für internationale Vernetzung, für Wissenstransfer und Wissensnutzung. Viele Verknüpfungen führen direkt zu wichtigen Partnern in renommierten Universitäten oder Weiterbildungsinstituten, zu Bibliotheken und Verzeichnissen in aller

Die E-Dimension of Executive Development bei DaimlerChrysler

Welt oder zu interessanten Newsgroups und zu Lieferanten von externen Lerninhalten. „Best-Practice-Transfer" und die Nutzung konzerneigener Wissenspotenziale über so genannte „Gelbe Seiten" sind selbstverständliches Repertoire für alle Nutzer. Auf den erwähnten Gelben Seiten stellen sie selbst ihr jeweiliges Wissen, insbesondere auch ihr Erfahrungswissen, ins Netz. Das Knowledge Management des Hauses DaimlerChrysler, hier wird es direkt fassbar.

Die „technische Fitness" im Umgang mit dem Medium ist angesichts der dynamischen Entwicklung im E-Business auch für ein noch weitgehend über ein traditionelles Vertriebsnetz operierendes Unternehmen wie DaimlerChrysler von größter Bedeutung. Insofern ist bereits der zunehmend professionellere Umgang mit dem technischen Instrumentarium im Intranet ein wichtiges Lernziel für die Manager. Jeder „Studierende" erhält einen persönlichen Zugriffscode und kann sich damit jederzeit einklinken. Wer alleine nicht weiterkommt, sich „verirrt" hat oder ob der Fülle an Daten beim Surfen zu ertrinken droht, erhält Hilfe von Online-Brokern. Tutoren beraten und stützen die individuellen Lernprozesse, Moderatoren begleiten die Lerngruppen während ihrer gemeinsamen Projektarbeit in virtuellen Workshops. Abgeschlossene Lerneinheiten werden auf einer Teilnahmebestätigung dokumentiert.

Die „Knowledge Community" auf der Konzern-Lernplattform hat die Möglichkeit, sich in geschlossenen User-Groups auszutauschen. Absolventen treffen sich im virtuellen Alumni-Raum. So entstehen parallel zum E-Learning Netzwerke innerhalb des Managements, die auch außerhalb der virtuellen Lernwelt wertvolles Beziehungskapital darstellen. Es gibt einen Abo-Service, laufend werden „Readings" eingestellt. Die vier internen Online-Experten, die kontinuierlich an der Lernumgebung arbeiten, informieren über Events und neue Programme. In einer „Hall of Fame" werden herausragende Leistungen „ausgestellt".

Streng kontrolliert werden die Online-Lernenden offenbar nicht. Direkt Druck gemacht werde auf die Führungskräfte ebenfalls

Die Global Players machen's vor!

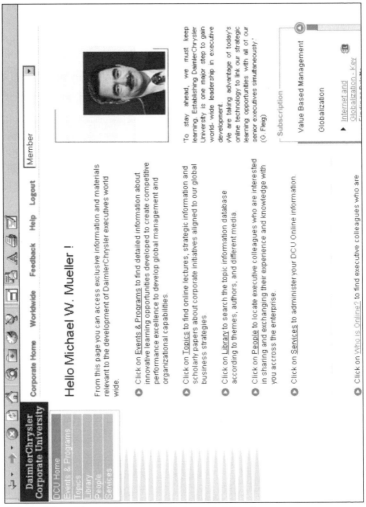

Abdruck mit freundlicher Genehmigung von DaimlerChrysler DCU online

Die E-Dimension of Executive Development bei DaimlerChrysler

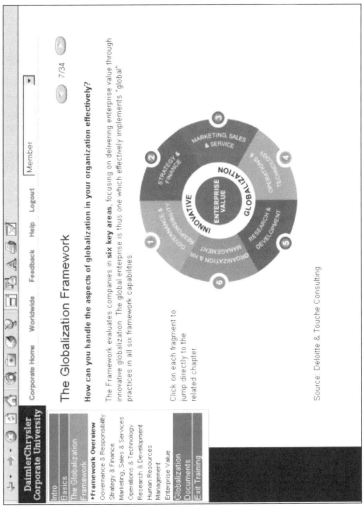

Abdruck mit freundlicher Genehmigung von DaimlerChrysler DCU online

Die Global Players machen's vor!

nicht, betont Wissens-Manager Müller: „Wir regen mit unserer Lernplattform an. Die Leute sollen selbst denken und erkennen, was sie von diesem Angebot haben. Sie sollen sich zum Lernen herausgefordert fühlen und Spaß haben am Surfen im virtuellen Bereich unserer University. Und ich glaube, das ist uns auch ganz gut gelungen." Seiner Einschätzung ist angesichts der Zugriffszahlen schwer etwas entgegen zu halten. Damit unterscheidet sich diese firmeninterne Kaderschmiede in einem wichtigen Punkt von vielen Führungsakademien in aller Welt. Denn dort werden zum Teil rigide Lernkontrollen eingebaut. Die direkte Online-Verbindung zu jedem PC im Unternehmen erlaubt das auch in hohem Maße. Die „E-Dimension of Executive Development" der DaimlerChrysler Corporate University geht einen anderen – eher europäischen? – Weg und könnte nicht zuletzt mit dieser, an traditionellen Bildungsidealen festhaltenden Einstellung Schule machen.

Bankakademie Frankfurt: Fit fürs Banking der Zukunft

Mit neuen Medien lernen, das ist für Banker schon allein deshalb ein Muss, weil sich die Geschäfte übers Internet enorm ausweiten und Online-Banking sich immer mehr durchsetzt – trotz der damit verbundenen Risiken. Von Bankmitarbeitern wird eine fundierte Beratung in Sachen neue Medien erwartet. Sie müssen kompetent umgehen mit Begriffen und Programmen rund um die neue Technik. Dazu verhilft ihnen ein kurzweiliges Online-Selbstlernprogramm der Bankakademie Frankfurt. Mit Texten, Bildern, Animationen, Videos, Tonbeispielen, interaktiven Übungen und Selbsttests verschafft es einen ausreichenden Überblick über

- Lernen und Arbeiten mit Multimedia
- Aufbau und Anwendung des Internets
- Umgang mit E-Mail und Diskussionsforen
- Wahrnehmungs- und Gedächtnistrainings

Bankakademie Frankfurt: Fit fürs Banking der Zukunft

Träger der Bankakademie ist ein gemeinnütziger Verein, dessen Mitglieder die Verbände der privaten und genossenschaftlichen Kreditwirtschaft sind. Um sich einklinken zu können ins Extranet der Bankakademie müssen die Online-Studenten einer der angeschlossenen Banken angehören, dann ist der Zugang kein Problem. Er oder sie meldet sich entweder über das eigene Bankhaus bzw. Kreditinstitut oder direkt selbst an, erhält ein Kennwort und einen Benutzernamen – und es kann losgehen. Neben praktischen Lerntipps werden viele Antworten auf Fragen gegeben wie beispielsweise:

- Wie entstand das Internet und wie funktioniert es?
- Wie sucht man schnell und effizient im Internet?
- Wie können große Multimedia-Datenmengen sinnvoll strukturiert und bearbeitet werden?
- Wie erkennt man Schwächen von multimedialen Lernprogrammen und arbeitet trotzdem effektiv damit?
- Wie erhält man kostenlos eine E-Mail-Adresse?

Sind Sie angestellt bei einer Bank? Verfügt diese über einen Web-Server im firmeneigenen Intranet? Dann sollten Sie allein schon dieses Lernprogramms wegen Kontakt mit der Bankakademie aufnehmen.

Die Deutsche Bank nutzt es beispielsweise als Einstieg für die Vorbereitung auf Web-based Training sowie als festes Angebot im Intranet des Bereichs „Personal". Vielleicht entscheidet sich Ihr Arbeitgeber auch dafür.

Achtung: Ein zweites attraktives Angebot für Online-Studenten aus Mitgliedsbanken sind die Online-Nachschlagewerke mit dem gesamten Spektrum des Bankwissens, wie es rund 4 500 Druckseiten entspricht: Studienwerke und Studienbriefe der Bankakademie, ergänzt durch Gesetzestexte, Handbücher oder firmeninterne

Die Global Players machen's vor!

Informationen. Mit ausgefeilter Suchtechnik und modernem Dokumentenmanagement kommen Sie gezielt an die relevanten Informationen zu allen wichtigen Stichworten der Finanzwirtschaft. Sechzig Fachautoren gewährleisten hohe Qualität; halbjährliche Aktualisierungen garantieren Fachwissen auf dem neuesten Stand. Die Nachschlagewerke können nahtlos in das Intranet-Design der Banken integriert werden. Die Dresdner Bank beispielsweise nützt es als Hintergrundbibliothek ihres Web-based-Training-Systems, das die Bankakademie entwickelt hat. Für Banken ohne Intranet gibt es das Ganze auch als CD-Rom.

Jährlich nutzen annähernd 15 000 Studierende das Angebot der Frankfurter Akademie und qualifizieren sich berufsbegleitend für mittlere und gehobene Fach- und Führungsaufgaben; bilden sich weiter zum Bankfachwirt oder Bankbetriebswirt, absolvieren ein Management-Studium oder nehmen an Seminaren teil. Präsenzveranstaltungen für die Studierenden finden an mehr als 100 Studienorten in ganz Deutschland statt. Das Extranet dient der Ergänzung des Studienangebots, der Unterstützung der Dozenten und Tutoren sowie dem Aufbau einer Kommunikationsplattform.

Vierzig Jahre ist die Bankakademie bereits am Markt mit ihrem branchenspezifischen Studien- und Weiterbildungsangebot. Im November 1996 installierte sie die eigene Medienstelle. Seit dieser Zeit entwickeln die dortigen Profis eigene Offline- und Online-Qualifizierungsangebote sowie Inhouse-Seminare für die Mitgliedsbanken. Das Beispiel macht inzwischen Schule bei anderen Branchen. Dr. Joachim Hasebrook, der Leiter der virtuellen Weiterbildung, zählt bundesweit zu den Experten der Weiterbildung mit neuen Medien. Für ihn gibt es keinen Zweifel, dass die netzgestützten Lernangebote schon bald immer mehr Präsenzseminare ablösen werden. Dass ein Selbststudium eine professionelle, kontinuierliche Betreuung durch Online-Tutoren bedingt, steht für ihn freilich ebenso fest. „Lernen ist ein sozialer Prozess. Da muss man mit Menschen reden können, und sei es über den Computer im

Chat oder mit E-Mail. Wenn nicht von Angesicht zu Angesicht, dann wenigstens in virtuellen Räumen", meint der Fachmann.

Ein Markt in heftiger Bewegung

Eine Art „Goldfieber" hat viele Anbieter von E-Training erfasst. Neben erfahrenen alten Hasen im Bildungsgeschäft haben sich in den letzten Jahren etliche Neulinge etabliert. Auf Bildungsmessen wie auch auf der Cebit ist das Heer der Konkurrenten nicht mehr zu überblicken. Die Verantwortlichen für die Aus- und Weiterbildung in den Unternehmen sehen sich mit einer Vielzahl an Möglichkeiten für den Einsatz der neuen Medien konfrontiert, fürchten oft aber auch eine Menge Probleme, die daraus entstehen könnten. Gilt es doch, die richtigen Antworten zu bekommen auf folgende Fragen:

Kritische Fragen

- Welche Voraussetzungen müssen für den Einsatz neuer Medien gegeben sein?
- Welches Instrument ist für welches didaktische Ziel geeignet?
- Was gilt es dabei hinsichtlich der Zielgruppen zu beachten?
- Wie lassen sich Online-Lernprogramme in traditionelle Trainingsmaßnahmen einbinden?
- In welchem Verhältnis stehen sich Lerneffizienz und (Kosten-)Aufwand gegenüber?
- Wie wird mit Bedenken und Barrieren konstruktiv umgegangen?
- Gibt es überhaupt schon Kriterien, die der Beantwortung solcher Fragen zugrunde gelegt werden können?

Die Global Players machen's vor!

Informationsveranstaltungen wie die Konferenz „Effizienter Einsatz interaktiver Medien in der betrieblichen Aus- und Weiterbildung" des IIR wollen hier Hilfestellung leisten. Der Blick ins Programm der Juni-Konferenz des Jahres 2000 beweist, wie selbstverständlich für viele große Unternehmen der Einsatz von E-Training in der betrieblichen Aus- und Weiterbildung bereits ist. Namhafte Firmen wie die Ford-Werke in Köln, die Robert Bosch GmbH in Stuttgart, der Pharmakonzern Schering und die HypoVereinsbank stellen ihre Programme vor, berichten von den Planungsphasen und ersten Erfahrungen, den Einsatzfeldern und der Akzeptanz. Ihre Beispiele sollen anderen Unternehmen und Vereinigungen wie den Industrie- und Handelskammern oder Branchen- und Berufsverbänden Mut machen, dem neuen Trend zu E-Training in der Weiterbildung zu folgen.

Lockruf der „Lern-Revolution"

Jedes Jahr veranstaltet die „American Society of Training and Development (ASTD)" ihren vielbeachteten Jahreskongress – in diesem Frühjahr in Dallas. 11 000 Besucher aus 85 Ländern waren anwesend und ließen sich von einer beeindruckenden Lerntechnik-Schau mit hunderten von multimedialen Schulungsangeboten faszinieren. Teilnehmer berichteten von einer echt amerikanischen Aufbruchstimmung. Die hatte ASTD-Vorstand Neil Johnston mit einer Vision angeheizt: „Wenn die Lern-Revolution gekommen ist", prophezeit er, „ist der 70 000 Mitglieder-Verein ASTD weltweiter Marktführer in Sachen Bildung und Training. Dann wird ASTD ein so bekanntes Kürzel sein wie IBM." Binnen tausend Tagen will Johnston diese Vision verwirklicht haben.

Noch ist die „Society" fast ausschließlich auf den amerikanischen Markt fokussiert. Doch während sich in Europa und insbesondere in Deutschland die Reglementierer und Bedenkenträger in nicht enden wollenden Debatten über Bildungsreformen, Zugangsbarrieren und Zertifizierungskriterien zu profilieren suchen, stürmen die Amerikaner voran. Es geht ihnen um „Cash"; um viel Geld. Weiterbildung ist ein Produkt, das nüchtern vermarktet wird. Der „Return of Investment" drückt sich in Zahlen aus, nicht in erfüllten Bildungsidealen. Ähnlich wie die Briten konzentrieren sich die Amerikaner dabei nicht auf die breite Masse, sondern auf Angebote für die Besten: künftige Fach- und Führungskräfte.

Auf „Intellektuelles Kapital" sollen die aufwendigen Qualifikationen ausgerichtet werden, auf die besten Männer und Frauen in den zukunftsträchtigen Arbeitsfeldern (key knowledge workers), rät Thomas Stewart, der Herausgeber der Zeitschrift „Fortune": „Es ist weniger wichtig, durch eine Schulung einen C-Mitarbeiter zu einem C-plus-Mitarbeiter aufzubauen. Viel wichtiger ist es, die A-Mitarbeiter zu finden und gezielt zu fördern."

Die „Lernende Organisation" stellt Ansprüche

In Deutschland schrillen ob derlei Äußerungen gleich die Alarmglocken. Wenn Weiterbildungsprofis ihre Angebote auf solvente Kundschaft aus dem Kreis der Wirtschaft zuschneiden, muss dies aber noch lange nicht bedeuten, dass der offene Markt nicht auch mit anspruchsvoller, moderner Bildungsware bedient wird. Im Gegenteil: Das bei der Entwicklung und Implementierung anspruchsvoller Lern- und Wissensplattformen für große Unternehmen generierte Wissen fließt bei vielen Anbietern als zusätzliche Ressource in erschwingliche Lernprogramme für jedermann. „Ist der Firmenmarkt ausgeschöpft, werden die Lerntools zu günstigeren Preisen öffentlichen Einrichtungen angeboten", meint dazu Friedhelm Pollmann, Manager bei Sybase Education.

Die noch viel zu wenigen Experten für E-Training sehen sich dabei vor große Herausforderungen gestellt: Nie zuvor mussten sie in so kurzer Zeit so erstklassige wie variable Schulungsprogramme erstellen, die unter Umständen schon nach wenigen Monaten Laufzeit weiterentwickelt und mitunter täglich aktualisiert werden

Die Global Players machen's vor!

müssen. Nie zuvor hatten sie aber auch so phantastische Möglichkeiten, die vielfältigen und schnell wechselnden Ansprüche ihrer gezwungenermaßen lernbegierigen Kundschaft zu erfüllen und damit einen ganz wesentlichen Beitrag zur wirtschaftlichen Prosperität zu leisten. Die moderne Technik macht's möglich.

Wichtig: Innovative Aus- und Weiterbildungskonzepte sind mittlerweile ein Wettbewerbsvorteil für Unternehmen bei der Anwerbung von talentiertem Nachwuchs. Insbesondere in den händeringend nach Azubis und Hochschulabsolventen suchenden Technologie-Unternehmen ist man deshalb für alles aufgeschlossen, was neuen Schwung in die betriebliche Bildung bringt und den Spaß am Lernen erhöht. Die Top-Azubis der Deutschen Telekom erhalten, sofern sie neben ihrer kaufmännischen oder gewerblich-technischen Ausbildung ein begleitendes Fernstudium belegen, sogar den notwendigen Multimedia-PC samt Videokamera daheim installiert – fürs zusätzliche Büffeln in der Freizeit.

Integrata Training AG

Ein seit dreißig Jahren auf dem deutschen Weiterbildungsmarkt sehr erfolgreiches Unternehmen, die „Integrata Training AG", setzt auf beide Zielgruppen: die institutionelle Kundschaft und die individuelle Kundschaft. Die Umsatzzahlen verdeutlichen, welches Geschäft mit Bildung gemacht werden kann. Zu den Kunden des Trainingsprofis zählen, nach Aussage von Andreas Maurer, dem Chief Consultant E-Training, fast hundert der umsatzstärksten Firmen Deutschlands. Dennoch macht das Unternehmen mehr als die Hälfte seines Umsatzes mit öffentlichen Seminaren, nämlich 40 Millionen DM. Nur die Hälfte dieser Summe wird mit Inhouse-Seminaren erwirtschaftet. Zehn weitere Umsatz-Millionen kommen durch Beratung und Qualifizierungsprojekte dazu. Dieser dritte Bereich wird immer wichtiger werden, weil Fertigprodukte immer weniger passen, stattdessen von den Firmen maßgeschneiderte Lösungen verlangt werden.

Ein Markt in heftiger Bewegung

Zur Zeit baut Integrata den E-Trainings-Bereich aus. Zunächst als Ergänzung zu den klassischen Seminaren. Nachdem zuvor die eigenen Mitarbeiter in Web-based Training geschult wurden, können nun über das Web Informationen zu Seminaren abgerufen und Einstufungstests vorgenommen werden. „Im vergangenen Jahr war das Interesse der Firmen an E-Training zwar vorhanden", berichtet Andreas Maurer, „aber das Jahr 2000-Problem und die Einführung des EURO standen im Vordergrund. Jetzt aber kommen die Nachfragen gehäuft." Eine Demo-Version des aktuellen Angebots ist bereits fertig, mit deren Hilfe die brennendsten Fragen der Kundschaft beantwortet werden können.

Unternehmen wie Integrata profitieren einerseits von der jahrzehntelangen Erfahrung im Aufbau und in der Anwendung von Kursen und Weiterbildungsbausteinen („Wir wissen, wie man Wissen an Leute heranbringt"). Diese wertvolle, riesige Ressource lässt sich auch hervorragend für multimediale Innovationen nutzen. Andererseits wissen sie, dass sie sich nicht zu lange auf ihren Lorbeeren ausruhen dürfen, um den Zug der Neuzeit nicht zu verpassen. Ein paar Neulinge auf dem Bildungsmarkt sind gerade dabei, den Paradigmenwechsel einzuläuten: Nicht die Größten werden siegen, sondern die Schnellsten.

Neue Lernformen sind gefordert

„Firmenspezifische Lernarchitekturen" heißt das Zauberwort, mit dem die Geschäfte gemacht werden. Was die Global Players vormachen, das wollen andere Unternehmen auch haben: Wirtschaftlichen Nutzen bei höchster Akzeptanz der neuen Lernformen. Aufwendige, aber leicht zu pflegende und zu aktualisierende virtuelle Lernräume mit einer Kombination aus interaktiver multimedialer Lernsoftware und modernen Kommunikations- und Informationssystemen.

Die Global Players machen's vor!

Die Konkurrenz wächst gewaltig

Auf dem Markt für E-Training tummeln sich neben den Altgedienten pfiffige Newcomer wie das virtuelle Unternehmen „e-teach" oder die „Learning Online AG" aus dem schwäbischen Neuler. Daneben treten als Anbieter aber auch piekfeine und altehrwürdige Universitäten und Bildungsinstitute auf, altgediente Fernstudienprofis wie die Hagener Fernuni, Internetprofis wie Sun oder Oracle und Großunternehmen, die ihre einstigen Weiterbildungsabteilungen umgewandelt haben in selbstständige Profit-Center. Die Mehrzahl dieser Anbieter hat tatsächlich nicht den Endkonsumenten im Visier, sondern solvente Firmen und modernisierungsfreudige Verwaltungen.

Ihnen bietet beispielsweise auch die „Deutsche Post Consult" mit ihrem Programm „eCoaching" „den Schlüssel für den Erfolgsfaktor Wissen" und mit dem neuen Lernprogramm „Medienkompetenz" ein Weiterbildungsangebot für Trainer. „Bavaria Film Interactive", eine Tochter der Film- und Fernsehstudios in München, empfiehlt sich als Partner bei der Konzeption und Einführung von Business-TV und Interactive Distance Learning. „Hewlett Packard Deutschland" hat im Bereich „HP Education" eine eigene Online-Lernplattform für Geschäftspartner und ihre Kunden geschaffen und nützt so das Know-how der eigenen Experten wie auch das von kooperierenden Institutionen gleich doppelt. Die Liste der Konkurrenz ließe sich noch seitenlang fortführen.

Jaan Netzow, Vorstandsmitglied von Learning Online, das zertifizierter LS Speciality Partner ist und mit Lotus in der Produktentwicklung zusammenarbeitet, prophezeit ein baldiges „Hauen und Stechen". Nur wenige wirklich funktionsfähige und international konkurrenzfähige Wissensplattformen und das über diese „Marktplätze" oder vergleichbare Online-Agenturen zu ordernde Lernangebot haben seiner Meinung nach wirkliche Erfolgsaussichten. In Deutschland sieht er hier insbesondere Chancen für den „Global-Learning"-Marktplatz der Deutschen Telekom: „Daran arbeiten sehr innovative Leute mit einem guten Gespür für das Thema und die Möglichkeiten." Sein Unternehmen ist als Mitentwickler auf der Plattform vertreten, mit einem Programm, das inzwischen Furore gemacht hat: Das Internet-Fortbildungs- und Informationsprogramm „Polizei-Online" für die baden-württembergischen Gesetzeshüter; bisher bundesweit einmalig.

Die Begeisterung für die eigenen Produkte, die Netzow ausstrahlt und die er mit anderen Experten modernster Bildungsprogramme teilt, spricht für deren Zukunftsfähigkeit. Die meisten Anbieter und Experten kennen sich untereinander ganz gut. Noch sind es nicht allzu viele, noch müssen sie sich nicht wegen der „Knowledge Nuggets" bekriegen. Doch wenn die ersten Zeichen nicht trügen, dann werden sich einige deutsche Bildungsinstitutionen und Trainingsanbieter bald „warm anziehen" müssen, wie Netzow meint, wenn die internationale Konkurrenzwelle näher heranschwappt.

Ausgefeilte Simulationen und Planspiele für High Potentials und Teams

Vernetztes Denken und Teamfähigkeit stehen ganz oben auf der Anforderungsliste von qualifizierten Spezialisten und künftigen Führungskräften. Entsprechend interessant sind für die Unternehmen Lernprogramme, mit deren Hilfe die vorhandenen Potenziale bei Mitarbeitern und Führungskräften effizient entwickelt werden können. Besonders spannend für die Teilnehmer sind Computer-Simulationen, wie man sie aus der Wissenschaft, aus Forschung und Lehre, oder dem Training von Piloten beispielsweise schon lange kennt. Allerdings werden diese Trainings noch nicht so häufig in der virtuellen Gruppe online, sondern in Präsenzseminaren als CBT durchgeführt.

Die Global Players machen's vor!

Die Business-Simulationen der SMG Strategic Management Group

Einer der weltweiten Anbieter ist die SMG Strategic Management Group **(http://www.smginc.de/simulation.html)**, die sechs Gründe nennt, die besonders für den Einsatz von Computer-basierten Business-Simulationen sprächen, wenn Menschen lernen sollen, komplexe wirtschaftliche Situationen zu meistern:

- Diagnose: Etwa 120 praxisrelevante Entscheidungen in nur sechs Stunden decken die tatsächlich wesentlichen zehn bis 15 Probleme im Tagesgeschäft eines Klienten auf.

- Selbsterkenntnis: In der Simulation erfahren die Teilnehmer die Auswirkung ihres persönlichen Verhaltens auf ihre Arbeitsumgebung (Vorgesetzte, Kollegen, Mitarbeiter).

- Interaktivität: Die Bearbeitung im Team vor dem Computer ermöglicht die Diskussion von Entscheidungen, die sonst allein gefällt werden und erweitert so die Handlungsoptionen der Teilnehmer.

- Praxisnähe: In der Simulation müssen die Entscheidungen wie im Alltag unter Zeitdruck, konfliktträchtigen Randbedingungen und mit der Erwartung einer konsequenten Reaktion der Simulation getroffen werden. Damit stehen die Teilnehmer in einer ähnlichen Situation wie im Tagesgeschäft und reagieren meist auch so – im Unterschied zum Rollenspiel, wo häufig schauspielerische Talente die normale Verhaltensweise modellieren oder gar überdecken. Entsprechend kennt auch das Programm keine Nachsicht (Ist ja nur ein Spiel …), sondern reagiert immer konsequent.

- Detailliertes und präzises Feedback: Zu jeder Einzelentscheidung erhalten die Teilnehmenden ein Feedback, in dem die Auswirkungen ihrer Entscheidungen genau dargelegt werden. Dieses Feedback wird zuerst im Simulationsteam aus-

Ausgefeilte Simulationen für High Potentials und Teams

gewertet und schließlich im Plenum auf die normale Arbeitsumgebung reflektiert.

- Erfahrung und Einübung: Mit der Simulation verwenden die Teilnehmenden die gelernten Elemente in einer „Praxissituation". „Learning by Doing", das Einüben und das Sammeln eigener Erfahrungen haben im Lernprozess von Erwachsenen eine besonders große Bedeutung.

SMG hat eine eigene Kategorie szenarienbasierter Simulationen entstehen lassen, die speziell auf die Entwicklung von Führungskräften und Teams zugeschnitten sind. Eines davon ist „The Complete Project Manager". Es läuft über drei Simulationsrunden zu je 60 Minuten, die jeweils drei Monate eines Entwicklungsprojektes darstellen. Kleine Teams übernehmen dabei die Rolle des Leiters eines Softwareprojektes. Bei etwa hundert Entscheidungen müssen die Aspekte Projektsteuerung, Teambildung, Produktqualität, Budgetbegrenzung und Management der einzelnen Stakeholder-Interessen berücksichtigt und abgewogen werden.

Eine andere szenarienbasierte Simulation ist „Leading for Organizational Improvement". Diese Simulation basiert auf Best Practice in der Führung von Qualitätsunternehmen. In drei Runden zu je 80 Minuten müssen die Teilnehmenden in kleinen Teams ein großes, multinationales Unternehmen leiten. Das Unternehmen sieht sich abnehmenden Marktanteilen gegenüber. In der Rolle des neuen Geschäftsführers muss das Team das Unternehmen in eine kundengetriebene Hochleistungsorganisation umwandeln. Dazu müssen etwa 100 typische Managemententscheidungen getroffen werden, die die weitere Entwicklung des fiktiven Unternehmens bestimmen. Alle Entscheidungen werden nach den Simulationsrunden detailliert besprochen und sowohl im Team als auch im Plenum diskutiert. Dabei werden Bezüge zu den Lerninhalten, Fallstudien und den Erfahrungen der Teilnehmenden hergestellt.

„Interaktive Simulationen mit Hilfe von realitätsnahen Szenarien sind nach unseren Erfahrungen die besten Instrumente, um sozia-

Die Global Players machen's vor!

le Kompetenzen, vernetztes Denken und den Prozess der strategischen Führung zu trainieren und dabei die gesamte Business-Perspektive im Blick zu haben", erklärt Volker Württenberger, der Geschäftsführer der SMG Strategic Management Group, das wachsende Interesse der Wirtschaftsunternehmen an Computer-Simulationen in der Management-Weiterbildung. Auf die Frage nach den Kosten nennt er als Beispiel: Ein Drei-Tage-Seminar mit interaktiver Computer-Simulation kostet für eine Gruppe von insgesamt 20 Teilnehmern insgesamt 36 000,– DM.

Unternehmensplanspiel der Tele-Akademie

Auf acht Spielperioden angelegt ist das Online-Unternehmensplanspiel, das die Tele-Akademie der Fachhochschule Furtwangen auf ihrer Website **(http://www.tele-ak.fh-furtwangen.de)** anbietet. Entwickelt hat es die Firma Unicon **(http://www.unicon.de)**, die ein großes Angebot an Planspielen, darunter noch mehrere andere Business-Simulationen, auf seiner Website bereithält. Das Angebot richtet sich vor allem an Wirtschaftsingenieure, Führungsnachwuchskräfte, Betriebs- und Volkswirte. Der Kurs findet im 14-Tage-Rhythmus statt. Er simuliert acht Geschäftsjahre eines Unternehmens, das Kopierer herstellt. In Gruppen zu je fünf Personen werden typische unternehmerische Entscheidungen getroffen. Im Spielverlauf erhöht sich die Komplexität immer mehr. Damit sollen vernetztes Denken und wirtschaftliches Handeln sowie strategische Unternehmensführung praxisnah vermittelt werden.

TOPSIM-Planspiele von Unicon

Noch mehr Computer-Simulationen für die Management-Entwicklung der genannten Firma Unicon können Sie als Demoversionen herunterladen und sich einmal genauer ansehen: **http://www.unicon.de/unicon_demos.html**.

Dem nächsten Wissensbaustein auf der Spur

5

E-Training hat viele Facetten
und Namen 80

Das Wegenetz im Cyberspace 84

Suchmaschinen helfen finden 86

Bildungsserver und Online-Sortimenter 89

E-Training hat viele Facetten und Namen

Digitale Lernprogramme und Trainings, kurz E-Training, sind nicht aus dem Nichts entstanden. Weil es Weiterentwicklungen von traditionellen Lernangeboten darstellt, verbinden sich mit E-Training eine ganze Reihe von Begriffen, die nicht exakt das Gleiche meinen, sondern unterschiedliche Facetten elektronisch gestützter Aus- und Weiterbildung beleuchten.

Web-based Training (WBT oder NBT)

Wie der Name schon verrät, nutzen die WBT-Programme das Internet oder ganz bestimmte Dienste der Datennetze als gemeinsame multimediale Plattform. Bei den firmen- oder branchenspezifischen Weiterbildungsprojekten werden spezifische Intranet- oder Extranet-Zugänge eingerichtet, die es ausschließlich den dafür autorisierten Personen ermöglichen, über ein Passwort auf diese Wissensplattform zu gelangen.

Beim WBT sitzen die Kursteilnehmer, Studenten oder Schüler an ihrem PC oder Mac, zu Hause oder im Büro oder in einer Bildungseinrichtung oder – mobil dank Handy und Laptop – auf der grünen Wiese, am Strand oder auf Berges Höh' und sind direkt verbunden mit dem Server, auf dem das Lernprogramm geladen ist.

In der Umgangssprache haben sich für solche Lernprogramme Begriffe wie „Online-Seminare" oder „Virtuelle Seminare" oder „Web-Kurse" eingebürgert. Das verwirrt viele Neulinge, weil diese Begriffe zum Teil verschiedene Angebote meinen: Sie bezeichnen sowohl die verschiedensten Web-based Trainings als auch spezielle Kurse und Seminare zum Erlernen von Internet-Anwendungen.

Profi-Tipp:

WBT-Seiten sind ähnlich aufgebaut wie gut organisierte Websites im Internet. Die Benutzer werden über Links immer weitergeführt und kommen so online mittels Mouseclick von Wissensbaustein zu Wissensbaustein. Ganze Kurse oder auch nur Teile der Seminare können für wiederholtes Üben heruntergeladen werden. Hin und wieder macht es Sinn, Textteile oder Abbildungen zu markieren und auszudrucken, um sie sich besser einprägen zu können, ohne gleich die Online- und Telefonrechnungen in die Höhe zu treiben.

Gutes WBT bietet, wie ein großer Anbieter schreibt, „größtmöglichen Spielraum für selbstbestimmtes Lernen, aber auch genau das richtige Maß an notwendiger Steuerung".

Computer-based Training (CBT)

Im Gegensatz zum WBT ist beim computergestützten Lernen keine ständige Online-Verbindung notwendig. CBT kann entweder aus dem Internet heruntergeladen werden oder wird (und das ist bisher noch der häufigste Fall des Lernens mit dem Computer überhaupt) von einer CD-Rom direkt abgespielt. Ein multimedia-fähiger Computer ist dann vollkommen ausreichend. Beim Kauf der Lernsoftware ist allerdings auf die Systemvoraussetzungen für das Abspielen des Programms zu achten. Interaktive Lernsoftware auf CD-Rom gibt es in einem umfangreichen Sortiment und in sehr guter, ja, zum Teil hervorragender Qualität. Ein zu altes Betriebssystem wie beispielsweise Windows 3.1, aber auch ein zu schneller Prozessor können verhindern, dass das Lernprogramm richtig läuft.

Mac-User sind hier übrigens eindeutig im Nachteil, weil für sie das Angebot wesentlich geringer ist, ähnlich wie bei den Computerspielen.

Dem nächsten Wissensbaustein auf der Spur

Wichtig: CBT ist von vielen Firmen begeistert aufgenommen worden, entlastet es doch das Bildungsbudget eines Unternehmens spürbar: es spart erheblich die Reisekosten und Trainerhonorare. Auch die Fehlzeiten am Arbeitsplatz verringern sich durch die Selbstlerner beträchtlich: es kann am Arbeitsplatz nach dem persönlichen Terminkalender, im eigenen Lerntempo und in einer dem individuellen Lernstil entsprechenden Systematik gelernt werden.

Die Erfahrungen mit CBT zeigen jedoch, dass die erforderliche Selbstlernkompetenz nicht bei jedem vorhanden ist. Man muss sie häufig erst fördern. Mitarbeiter für das aktive, selbstorganisierte Lernen anhaltend zu mobilisieren, bedarf begleitender Maßnahmen durch geschultes Personal. Immer häufiger werden darum CBTs begleitet von Lernberatern, online oder vor Ort, oder kombiniert mit Präsenzseminaren oder angereichert mit Online-Modulen wie beim WBT.

Einen hervorragenden Überblick über die deutschsprachige Lernsoftware bietet das Projekt „Deutscher Lernsoftware-Server" im Internet unter **http://www.lernsoftware.de**. Dazu mehr auf Seite 148.

Telelearning – Teleteaching

Diese beiden Begriffe werden mittlerweile ähnlich umfassend angewandt wie E-Training. Ursprünglich bezeichneten sie allerdings nur das Bildungsfernsehen, wie wir es in Deutschland vor allem als Fernsehkolleg der Dritten Programme kennen oder als Firmen-TV, später dann auch als Lernvideos, wie sie von einigen Instituten für Trainings entwickelt wurden.

Telelearning war keinesfalls interaktiv angelegt wie WBT und CBT, sondern hat lediglich eine moderne Form des Frontseminars mit „laufenden Bildern" dargestellt. Heute schließen beide Begriffe das Lernen am Computer mit ein.

E-Training hat viele Facetten und Namen

Open and Distance Education

Fernlehrgänge aller Art und die Fernstudien, aber auch das Bildungsfernsehen und das Web-based Training zählen zu der Kategorie Open and Distance Education. Insbesondere im universitären Bereich und auf Hochschul-Ebene werden weltweit alle Formen der nichtortsgebundenen Bildungs- und Wissensvermittlung so bezeichnet. Da Fernstudium und Fernlehrgänge eine lange Tradition haben, ist auch die nationale und internationale Zusammenarbeit auf der Anbieterseite bestens organisiert. So zum Beispiel im ICDE, dem International Council for Open and Distance Education **(http://www.icde.org)**. Mitglieder aus mehr als 130 Staaten sind im ICDE repräsentiert: Bildungsinstitutionen aller Art. Zwei Mal im Jahr erscheint das Bulletin „Open Praxis", das über die neuesten Entwicklungen auch in Bezug auf E-Training informiert.

Fernuniversitäten wie die Deutsche Fernuniversität Hagen haben das Internet schnell als optimale Plattform für die Wissensweitergabe und die kontinuierliche Vernetzung mit den Studierenden erkannt und genutzt. Distance Education, also Fernunterricht, wird schon bald in vielen Haushalten die gängige Methode der Aus- und Weiterbildung darstellen. Die Fernlehrinstitute wollen hier an vorderster Stelle als Lernpartner stehen und entwickeln entsprechend intensiv Module, die übers Internet zu den mitunter weit entfernten Schülerinnen und Schülern gelangen.

Virtuelles Studium

Virtuell studieren, das heißt praktisch: vom heimischen PC aus studieren und, wenn überhaupt, nur zu ganz wenigen Anlässen in die Universität oder Hochschule zu kommen – zu einem Test oder einer Prüfung. Ein ganzes Studium in Deutschland virtuell durchzuziehen, das ist noch Zukunftsmusik. Aber einzelne Studiengänge, Seminare, Begleitkurse und Zusatzscheine können schon online erarbeitet werden. Die deutschen Hochschulen hinken mit ihrem An-

Dem nächsten Wissensbaustein auf der Spur

gebot allerdings noch ein deutliches Stück hinter virtuellen Studienangeboten von universitären Einrichtungen beispielsweise in den USA oder in England zurück.

Wenn die Studienfächer nicht mehr in einer traditionellen Bildungshochburg gelehrt werden und sich keine Studenten auf dem Campus aufhalten, weil es überhaupt keine festen Uni-Gebäude gibt; wenn sich die Professoren und Dozenten mit ihren Studentinnen und Studenten und die Studierenden untereinander nicht mehr täglich begegnen, sondern sich via E-Mail oder in dafür eigens eingerichteten Internet-Foren austauschen, dann spricht man von einer Virtuellen Universität. Wir sind in Deutschland erst auf dem Weg zu einer solchen. Andere sind da bereits viel weiter, zum Beispiel

- University of Phoenix in den USA
- University of Southern Queensland in Australien

Das Wegenetz im Cyberspace

Lernen mit Hilfe des Internets und seiner Dienste bedeutet, auf ganz verschiedenen Wegen an den Lernstoff zu kommen. In der Regel erfahren Sie automatisch vom Anbieter des Lern- oder Wissensstoffes, was Sie tun müssen, um an die gewünschten Inhalte zu kommen und welche Materialien für die Erarbeitung des Stoffes sonst noch notwendig sind.

Internetdienste, Intranet, Extranet

Hier die wichtigsten Online-Wege für die virtuelle Weiterbildung:

- Offene multimediale Angebote kommerzieller Anbieter sowie Demoversionen und Einstufungstests im World-Wide-Web (WWW).

Das Wegenetz im Cyberspace

- Angebote von Universitäten, Hochschulen, Bildungseinrichtungen und wissenschaftlichen Instituten in Datennetzen, die nur einer dafür autorisierten (eingeschriebenen) Nutzergruppe zur Verfügung gestellt werden, beispielsweise in einem Extranet.

- Organisationsinterne Weiterbildungsprogramme und E-Trainings für Mitarbeitende im Intranet, beispielsweise eines Unternehmens oder einer branchenspezifischen Institution oder einer Kammer.

- Direkte Abfrage von Daten und Informationen via E-Mail und dem Usenet, die Gesamtheit aller thematisch ausgerichteten Newsgroups.

- Lernpartnerschaften und Kontakte zu Dozenten und Trainern ebenfalls über E-Mail.

- Gruppenübungen und Beratungswerkstätten aus eigens dafür eingerichteten Chatrooms.

- Umfangreiche Datenpakete von Archiven und Bibliotheken sowie Shareware- oder Freeware-Programme von FTP-Servern (FTP = file transfer protocol).

- Wissenschaftliche Daten von Wissenschaftsdatenbanken über WAIS (Wide-Area Information Server).

- Abfragen von verschiedenen Online-Datenbanken mit Gopher, einem Programm, mit dem Sie sich im „Gopherspace" von Computer zu Computer hangeln und Verzeichnisse durchforsten können, beispielsweise für Literaturrecherchen – oder um Comics anzuschauen.

Wer noch keine Erfahrung mit dem Internet und mit Web-based Training hat, kann diese Wissenslücke schon gleich in Form eines „Learning by doing" schließen. Die Zahl der Anbieter von Online-Internetseminaren wächst und wächst.

Dem nächsten Wissensbaustein auf der Spur

> **Beispiel:**
>
> **Der „Crashkurs Internet" von akademie.de – die Internet-Akademie:**
>
> Der von Andrea Hoffmann zusammengestellte Online-Kurs konfrontiert mit Basiswissen zu den Stichworten: Das Internet – Der Zugang – World Wide Web – E-Mail – Mailing-Listen – Usenet – FTP – Chat – Programme – Links
>
> Über den Link „Testen Sie Ihr Wissen" können Sie erkunden, was Ihnen schon geläufig ist und was nicht. Wer nur einzelne Begriffe und Erläuterungen sucht, findet sie mit dem Link „Netlexikon".
>
> Der Crashkurs ist, wie alle weiteren Angebote von akademie.de, unter **http://www.akademie.de** aufzurufen.

Viele Hochschulen und Firmen, die E-Training über ihr Intranet anbieten (oder die Bankakademie in ihrem Extranet), offerieren den Neulingen ähnliche Selbstlernprogramme zum „Lernen mit neuen Medien". Geboten wird ein meist ausreichend detaillierter Überblick über

- Lernen und Arbeiten mit Multimedia
- Aufbau und Dienste des Internets
- Umgang mit E-Mail und Diskussionsforen (Newsgroups)
- verschiedene Wahrnehmungs- und Gedächtnistrainings

Suchmaschinen helfen finden

Die zunehmende Spezialisierung nationaler und internationaler Suchmaschinen macht auch das Auffinden der passenden Aus- und Weiterbildungsangebote im Internet immer einfacher. Und der Umgang mit Suchmaschinen ist schnell gelernt. Hier die wichtigsten Schritte:

Suchmaschinen helfen finden

Checkliste: Suchmaschinen erfolgreich einsetzen

- Notieren Sie sich in ein, zwei Sätzen, was Sie suchen wollen, beispielsweise: „Wer bietet übers Internet einen Kurs in Geschäftsenglisch an?"

- Leiten Sie aus dieser Frage Begriffe ab, die Sie als Suchwörter verwenden können, wie Geschäftsenglisch, Englischkurs, Internet, online. Diese Suchwörter sollten nicht zu allgemein, aber auch nicht zu speziell sein.

- Suchen Sie zu den Begriffen andere Wörter mit der gleichen Bedeutung, so genannte Synonyme, oder verwandte Begriffe: Sprachkurs, Businessenglisch, virtuell, netzgestützt. Sie erhöhen damit Ihre Chance, bei einem der Begriffe fündig zu werden.

- Kombinieren Sie die Suchwörter zu einer Anfrage, etwa so: Online Englischkurs, virtuelle Sprachkurse, Webbased Englischtraining, Online Fernlehrgang Englisch. Wenn die Begriffe zwingend zusammen gehören, verklammern Sie sie mit einem _(Underline): Online_Englischkurs oder setzen die Begriffe zwischen Anführungszeichen: „Virtuelle Sprachkurse". Wenn Sie zwischen die Begriffe ein „und" setzen, rufen Sie alle Seiten auf, in welchen die genannten Begriffe enthalten sind.

- Prüfen Sie vor dem Mouseclick auf das Wörtchen „Suchen" oder „Search", ob Ihre Anfrage richtig geschrieben ist. Ein häufiges Problem bei der Internet-Suche sind Tippfehler: Online_Englishkurs (hier fehlt das c vor dem h) oder Vituelle-Sprachkurse (hier stecken gleich zwei Fehler: vituell statt virtuell und statt dem Underline ein Bindestrich, den die Suchmaschine als Ausschlusszeichen und nicht als Bindestrich interpretiert.

Dem nächsten Wissensbaustein auf der Spur

> *noch: Checkliste: Suchmaschinen erfolgreich einsetzen*
>
> - Stöbern Sie mutig in den Ihnen offerierten Seiten herum und lassen Sie sich nicht beirren, wenn nicht alles gute Treffer sind! Klicken Sie weitere der angebotenen URLs an, springen sie auf unterschiedliche Seiten der Suchergebnisse, nehmen sie Einzahl- und Mehrzahl Ihrer Suchbegriffe und vor allem: Setzen Sie mehrere Suchmaschinen oder Meta-Suchmaschinen ein, wenn Sie ein optimales Ergebnis erzielen wollen.

Wichtige Helfer

Eine gute Einstiegshilfe in die Technik und die Nutzung von Suchmaschinen bietet die deutsche Suchfibel unter **http://www.suchfibel.de**. In einem Schnelldurchgang erfahren Sie das Wichtigste über Verzeichnisse, Volltext-Suchmaschinen, allgemeine und spezielle Suchmaschinen, Meta-Suchmaschinen – und wo sie sonst noch recherchieren können.

Die Uni Konstanz hat eine sehr gut gepflegte Link-Sammlung deutschsprachiger Suchmaschinen unter **http://www.uni-konstanz.de/ZE/Bib/dt-suchm.html**. Ebenfalls auf dem aktuellen Stand: die Seite mit Orientierungshilfen und Suchmaschinen der Europäischen Universität Frankfurt-Oder unter **http://www.euv-frankfurt-o.de/de/links/wwwpoint/orient.html**.

Auf Irrwegen gelandet?

Es kann vorkommen, dass Sie sich in den Weiten des virtuellen Alls „verlaufen". Ein Klick auf einen Link hat Sie möglicherweise von Ihrem Trainingsprogramm weg- und in die Irre geführt. Es ist nicht ungewöhnlich, Schwierigkeiten bei der Orientierung in dem manchmal etwas chaotischen Informationsangebot zu haben. Und weil es bei den netzgestützten Lernprogrammen keine individuelle Lernwegkontrolle wie bei vielen CBTs gibt, sollten Sie sich einige Seiten-Titel notieren oder als „Bookmarks" oder „Favoriten" in eine entsprechende Browser-Datei aufnehmen: Jene, die das Inhaltsverzeichnis, eine wichtige Stichwortliste oder eine Navigationsleiste enthalten.

Bildungsserver und Online-Sortimenter

Eine ganze Reihe von so genannten Bildungsservern erleichtern das Auffinden von Online-Lernprogrammen. Sie bieten einen – mal mehr, mal weniger umfänglichen – Überblick über nationale und internationale Angebote. Einige sind spezialisiert auf reine Telelearning-Angebote, andere listen alles auf, was in den Bereich Fernunterricht fällt. Auf den hier aufgeführten Websites finden Sie immer auch den Link auf die verschiedenen E-Trainings:

Der deutsche Bildungsserver

Hinter der Adresse **http://www.bildungsserver.de** verbirgt sich eine Initiative der Berliner Humboldt Universität. Mit mehreren Kooperationspartnern ist dann dieses Portal zu deutschen Bildungsangeboten und Wissensbausteinen entstanden. Die Geschäftsstelle ist am Deutschen Institut für internationale Pädagogische Forschung angesiedelt.

Der Bildungsserver leitet über Verbände und Zusammenschlüsse auch zu ausgewählten Bildungsträgern der beruflichen Weiterbildung: Anbietern, Kursen, Dozenten und Trainern. Er ist vor allem aber ein Portal, das von vielen Schulen genutzt wird. Sein Service richtet sich an Lehrer, Ausbilder, Schüler, Eltern, Wissenschaftler und Journalisten. Unter mehreren Rubriken werden auch Informationen und Angebote im Bereich E-Training veröffentlicht. WBT finden Sie unter „Online-Ressourcen".

Dem nächsten Wissensbaustein auf der Spur

Achtung: Zahllose Links bieten eine Vielzahl von Möglichkeiten. Die Informationstour verlangt von den Besuchern der Website Geduld und Zähigkeit. Hie und da wäre Aktualisierung notwendig. Immer mal wieder landet man bei „File not found".

Eine Linkliste führt zum Beispiel zu allen Volkshochschulen im Internet. Ein Link öffnet die Online-Datenbank Fernlehrgänge der Zentralstelle für Fernunterricht, ein anderer informiert über „Unterrichtsmaterialien und Projekte online", ein weiterer führt zu Angeboten im Bereich Wissenschaftliche Weiterbildung.

Die Linkliste der Online-Projekte geht von A wie Allgemeine Naturwissenschaft bis Z wie Ohne fachliche Zuordnung: insgesamt knapp vierzig Links. Darunter so ausgefallene wie „Fischereiwirtschaft" und „Militärwissenschaft" oder „Darstellendes Spiel".

Es gibt Verweise auf weitere Bildungsserver in den verschiedenen Bundesländern Deutschlands, in Österreich, der Schweiz und einigen anderen europäischen Ländern.

Die über den deutschen Bildungsserver zu erreichenden Lernangebote sind überwiegend für den schulischen Bereich interessant, für Lehrer und zum Teil auch für Schüler. Bei der Suche nach Englischkursen gelangt man u. U. zum Leistungskurs Englisch der Lessing-Oberschule in Berlin. Ganz nett, aber nichts für Menschen auf der Suche nach einem Virtuellen Sprachkurs in Geschäftsenglisch. Wer Online-Weiterbildungsangebote fürs berufliche Fortkommen sucht, wird von anderen Bildungsservern und E-Trainings-Plattformen besser bedient.

Distance Learning Channel

Schon rein optisch unterscheiden sich der amerikanische Bildungsserver mit **http://www.ed-x.com** und sein deutscher Ableger **http://www.ed-x.de** wohltuend von dem nüchtern gestalteten deutschen Bildungsserver. Im Distance Learning Channel sind bereits auf der Indexseite Links zu Kursangeboten. Neben der engli-

Bildungsserver und Online-Sortimenter

schen Version der Website gibt es eine auf deutsch, französisch, spanisch und japanisch.

Dies sei, so ed-x, „die globale Ressource für Nachrichten, Kursbeschreibungen, Studienprogramme und Weiterbildung auf dem Web. Sie wurde 1997 gegründet von einem Team von Informationsarchitekten und Spezialisten für Lerntechnologien, Uni-Professoren und Webautoren. Der Fernlehr-Kanal soll vor allem den Universitäten und Bildungseinrichtungen die Möglichkeit geben, auf sich und ihren Fernunterricht aufmerksam zu machen, und Lernenden Informationen zu Online-Lernprogrammen aus aller Welt zu geben. Wer im Distance Learning Channel surfen möchte, muss sich registrieren lassen.

Für eine schnelle Suche ist die Angebotspalette gegliedert in die Bereiche

- Distance Learning Kurse
- Distance Learning Programme mit akademischem Abschluss
- Distance Learning Programme mit Zertifikat
- Ed-X-Lernmodule
- Nachrichten
- Calendar Item

Global Learning

Dies ist die inhaltsreiche, sehr benutzerfreundlich gestaltete und ausgezeichnet gepflegte Plattform der Deutschen Telekom und ihrer Global-Learning-Partner. Sie führt zu vielen E-Trainings-Angeboten im World Wide Web, zu Schnupperkursen, Neuigkeiten zum Thema und einem interessanten Forum, das zur Online-Diskussion einschlägiger Themen einlädt. Zur Zeit der Manuskripterstellung war dieses Diskussionsthema das Hauptthema dieses Buches: Online-Learning.

Dem nächsten Wissensbaustein auf der Spur

Auch für den Besuch dieser Plattform unter **http://www.global-learning.de** sollten Sie sich viel Zeit nehmen. Es führen nämlich zahlreiche Links zu spannenden Nebenschauplätzen – etwa einem Preisrätsel oder direkt in eine virtuelle Kunstausstellung oder zu einem kostenlosen Schnellkurs, der zur sofortigen Teilnahme geradezu herausfordert.

Zu allen hier aufgeführten Lern- und Wissensangeboten sowie ihren Anbietern – darunter so bekannte Namen wie Berlitz, Focus Management Cup, START Amadeus – gelangt man über eine Navigationsleiste, die aufgeteilt ist in die Lehrbereiche:

- Wirtschaft & Business
- Technik & Wissenschaft
- IT & Computer
- Beruf & Zukunft
- Lernen & Lehren
- Sprachen & Kultur
- Medizin & Gesundheit
- Wissen & Nachschlagen

Detaillierte Informationen über Inhalt, Voraussetzungen, Termine, Preise und die Art der Durchführung helfen, den passenden Kurs zu finden.

Greifen wir das Beispiel von Seite 87 auf mit dem Stichwort „Geschäftsenglisch" und suchen unter Wirtschaft & Business nach, offeriert Global Learning vier Kurse von Berlitz: „Business English" sowie „English for Business", Kurs I bis III.

Weitere wichtige Kurse im Bereich der beruflichen Weiterbildung behandeln Themen wie Advanced Banking, Kostenmanagement, Projektmanagement, Qualitätsmanagement und vieles andere.

Bildungsserver und Online-Sortimenter

Um die kostenpflichtigen oder geschützten Angebote von Global Learning nutzen zu können, müssen Sie sich als „Premium-Nutzer" oder als „Standard-Nutzer" registrieren lassen. Einige der Anbieter halten Demoversionen zum Schnuppern und Testen bereit, wie beispielsweise das CORNELIA Online-Seminar Projektmanagement, das eine fundierte und praxisnahe Einführung in die Probleme und Methoden des Projektmanagements bietet.

Achtung: Wie bei anderen interessanten Websites auch, verführt so mancher Link zu abschweifendem Verhalten.

Beispiel:

Rhetorik: Anbieter ist die „imc university", die sich selbst als die erste private Internet-Universität bezeichnet. Sie bildet übrigens auch in einer einjährigen Fortbildung online zum Business Engineer (mit IHK-Abschluss) Wirtschaftsinformatik aus. Und schon sind Sie bei der „Mutter" IMC gelandet und klicken und klicken …

Ja, man muss unter Umständen ganz schön aufpassen: es ist so leicht abzuschweifen und beispielsweise ins Internet Art Center von IMC **(http://www.global-learning.de/g-learn/providers/imc)** zu spazieren und von dort in eine Galerie oder ein Museum – und wie leicht ist beim Anblick eines interessanten Gemäldes oder einer spannungsreichen Plastik das Lernen vergessen. Trösten Sie sich dann mit Picasso: „Kunst wäscht den Staub des Alltags von der Seele." In der Schule hatten wir ja auch kurze und längere Pausen.

MindEdge.com

Diese amerikanische Weiterbildungs-Plattform mit der Internet-Adresse **http://www.mindedge.com** offeriert mehr als 4 000 Fernlehrkurse, die alle über das Internet angeboten werden und

Dem nächsten Wissensbaustein auf der Spur

mehrheitlich auch netzunterstützt bearbeitet werden können. Die von einstigen Dozenten der Harvard University und des MIT (Massachusits Institute of Technology) gegründete Agentur ist in ihrer Art einzigartig. Alle Angebote können direkt über die Website erreicht und gebucht werden. Die Unterrichtsmaterialien werden entweder direkt von der Website des Anbieters heruntergeladen oder kommen auf CD-Rom mit der Post ins Haus. Alle virtuellen Kursteilnehmer werden in interaktive Online-Klassen aufgenommen und können innerhalb einer bestimmten Frist arbeiten wann und wo sie wollen. Sie verständigen sich untereinander in einem Online-Forum oder im Chat. Betreut werden sie über E-Mail durch Professoren und Trainer.

Die Kursangebote sind eingeordnet in zwölf Gruppen, so dass man leicht findet, was man sucht: beispielsweise Englischkurse.

Alle Anbieter, so versichert MindEdge.com, sind bei anerkannten Institutionen akkreditiert und unterliegen entsprechenden Prüfkriterien.

Es gibt über die Homepage einige wenige frei zugängliche Bereiche. Offen ist zum Beispiel der Feedback-Bereich mit den „Student Reviews", den ganz individuellen Rückblicken auf Kurse: das ist hochinteressant, manchmal belustigend, meistens ermutigend. Die Kurse selbst allerdings sind nur den eingeschriebenen Mitgliedern einsehbar.

Busch-College

Eine umfangreiche Link-Sammlung zum Thema Bildung im Netz, wobei Sprachkurse den Schwerpunkt bilden, listet das Busch College unter **http://www.buschcollege.com/links/frames1.htm** auf. Ein Link führt direkt zur Website von Frank Busch, dem Sohn der Busch-College Gründerin. Der Münchner Trainer für Rhetorik und Kommunikation hat einige wichtige Qualitätskriterien für Online-Weiterbildung definiert, die ab Seite 156 nachzulesen sind.

Busch hat darüberhinaus mehrere Fachbücher zur Nutzung des Internets und seiner Dienste geschrieben (siehe Literaturhinweise). Inzwischen bietet er in seinem Weiterbildungsinstitut „Mind & More" in Starnberg selbst Online-Lernprogramme und CBT an.

Bildungsforum

Im Bildungsforum Hamburg sind unter **http://www.bildungs forum.de** aufgeteilt in sechs Servicebereiche zahlreiche Informationsbausteine zur Weiterbildung zu finden: Neuigkeiten – Treffpunkt – Info – Lern-Zentrum – Messehallen – Kiosk. Nicht irritieren lassen: Web-based Training wird hier mit der deutschen Bezeichnung NBT = Netzgestütztes Lernen aufgelistet.

Insbesondere das Firmenspecial enthält eine kommentierte Sammlung interessanter Links, richtet sich aber speziell an Firmen und Betriebe, aber auch an Bildungsanbieter. Für sich finden Sie unter „Recherche" eventuell das passende Angebot. Noch ist die eigene Datenbank des Bildungsforums im Aufbau. Zum Zeitpunkt der Manuskripterstellung für dieses Buch führte der Mouseclick auf „Recherche", denn auch lediglich zu den schon genannten Adressen anderer Bildungs-Datenbanken.

Im Verzeichnis mit kommentierten Links dagegen kann Neues gefunden werden, beispielsweise das internationale Fernstudienzentrum „Open University" unter **http://www.open.ac.uk/ frames.html** und – der heiße Tipp für Frauen – die „Women's International Electronic University" (siehe Seite 139).

Unicum online

Die Online-Plattform der Zeitschrift UNICUM hält Internet-Tipps für Schule, Studium und Beruf bereit und führt über Links zu vielen interessanten Adressen. Wertvoll ist vor allem die Hinführung zu Diskussionsforen und Newsgroups für Studenten und Absolventen: **http://www.unicum.de**.

Dem nächsten Wissensbaustein auf der Spur

„wer-weiss-was"

Der Fachleute-Suchdienst „wer-weiss-was" **unter http://www.wer-weiss-was.de** ist ein kostenloser Service für Menschen, die nach Fachleuten in allen möglichen Bereichen suchen und mit ihnen in Kontakt kommen möchten. Wer also eine besondere Beratung oder konkrete Informationen zum Thema E-Training wünscht, kann über wer-weiss-was an Anbieter und Nutzer gleichermaßen gelangen. Und er oder sie kann im Gegenzug sein eigenes Wissen über diese Software-Plattform zur Verfügung stellen. Für beides müssen sie sich über die Internet-Seite registrieren lassen.

The International Who's Who in Distance Learning

Unter **http://www.online-educa.com/whoswho.htm** finden Sie eine Auflistung der anerkannten Fernlehr-Experten, erstellt von der ICEF.

Who is Who in Multimedia Bildung

Eine Datenbank der Whois Verlags- und Vertriebsgesellschaft mit Experten der Multimedia-Aus- und Weiterbildung in Deutschland: **http://www.whois.de**.

Deutscher Lernsoftware-Server

Computergestützte Lernprogramme auf CD-Rom füllen mittlerweile breite Regale in Softwarehäusern, Buchläden und Bibliotheken. Das Sortiment reicht vom Schreibmaschinenkurs bis zum intergalaktischen Weltraumabenteuer: **http://www.lernsoftware.de**.

Bildungsserver und Online-Sortimenter

ZFU-Ratgeber für Fernunterricht

Nicht über die Homepage **http://www.zfu.de**, sondern ganz im konservativen Stil in einer Broschüre, führt die Staatliche Zentralstelle für Fernunterricht (ZFU) alle bundesdeutschen Fernunterrichts-Angebote auf. Mit 5,– DM sind Sie dabei, wenn Sie sich nicht allein für E-Training, sondern auch für klassischen Fernunterricht interessieren. Das 160 Seiten umfassende Heft enthält von A wie Abitur bis Z wie Zusammenarbeit hunderte von allgemein- und berufsbildenden Fernlehrgängen. Wer seine Absicht, an einem Fernlehrgang – auch einem Online-Kurs – teilzunehmen, verwirklichen will, sollte diesen praktischen Ratgeber auf jeden Fall zur Hand nehmen; vor allem dann, wenn das Informationsmaterial über den gewünschten Fernkurs vorliegt. Dann werden nämlich die hier abgedruckten Hinweise und Empfehlung zu den Kosten, den Förderungsmöglichkeiten oder den Checklisten erst richtig interessant.

Wichtig: Die ZFU-Broschüre gibt Auskunft über Ziele, gesetzliche Grundlagen und die didaktischen Besonderheiten des Fernunterrichts. Sie klärt über Teilnahmevoraussetzungen, Kosten und verschiedene Förderprogramme auf. Praktische Hinweise und Empfehlungen erleichtern die Entscheidung für ein bestimmtes Angebot. Darüber hinaus verweist das Heft auf Adressen, wo Interessierte weitere Auskünfte und Beratung erhalten.

Profi-Tipp:

Für alle, die den Fernlehrunterricht für eine Höherqualifizierung oder als Bewerbungsvorteil brauchen: Das Heft listet alle derzeit zugelassenen Fernlehrgänge mit Zertifizierung auf sowie die Veranstalter.

Klicken Sie sich klug – mit dem WWW!

6

Online-Weiterbildung eröffnet
Chancen 100

Weltweit virtuell studieren 102

Deutsche Virtuelle Universitäten 109

Ausländische Virtuelle Universitäten .. 117

Der Computer als Sprachlehrer 121

Die Welt der IT-ler 126

Online-Weiterbildung für Mediziner .. 131

Wissen fürs Business 132

Geisteswissenschaften und
Schöngeistiges 137

Virtuelle Sonderzüge für Frauen 139

Bibliotheken und Nachschlagewerke . 144

Online-Weiterbildung eröffnet Chancen

Wer jederzeit und überall schnell an das notwendige Wissen und das richtige Training kommt, braucht die Zukunft mit ihren permanenten Veränderungen nicht zu fürchten. Wirtschaftsmagazine wie die „Wirtschaftswoche" und das „Manager-Magazin" oder die Fachpresse, zum Beispiel das „Handelsblatt", informieren ihre Leserinnen und Leser kontinuierlich über neue karrierefördernde Weiterbildungstrends und Lernangebote. Der Bedarf an Zusatzqualifikationen steigt und steigt. Eine Umfrage des Bundesinstituts für Berufsbildung (Bibb) unter 940 bundesdeutschen Betrieben hat ergeben, dass vor allem Fremdsprachen, Team- und Projektarbeit sowie Kommunikations- und Informationstechniken im Vordergrund stehen. Und doch bieten über vierzig Prozent der befragten Unternehmen entsprechende Weiterbildungsbausteine selbst nicht an. Sie fürchten vor allem die Kosten. Hier sind Online-Angebote eine sinnvolle, mitunter auch die einzige Alternative für die Mitarbeitenden.

Für viele Menschen hat sich der einstmals mit viel Begeisterung erlernte Beruf später als Sackgasse erwiesen. Oder er wird gar nicht mehr nachgefragt. Wer braucht heute noch Datentypistinnen? Umschulungs- oder Weiterbildungsmaßnahmen, wie sie über die Arbeitsämter angeboten und im Falle der Arbeitslosigkeit auch bezahlt werden, sind nicht immer ein Ausweg. Wer nicht mobil ist, wie viele Frauen mit kleinen Kindern, kann daran nicht teilnehmen. Damit wächst die Bedeutung von Online-Weiterbildung erheblich.

Die Vorstellung, man könne sich einfach so vor den Computer setzen und ohne großen finanziellen und zeitlichen Aufwand die nächsten karrierestützenden Wissensbausteine oder ein Zusatzstudium herunterladen, diese Vorstellung ist freilich falsch. Das allermeiste kostet Geld, und viele gute Lernprogramme und Wissensmodule sind nicht auf dem freien Markt im Angebot. E-Training

Online-Weiterbildung eröffnet Chancen

wird in Deutschland noch vorwiegend unternehmensintern über ein Firmen-Intranet ausschließlich den eigenen Mitarbeitenden angeboten. Maßgeschneiderte Multimedia-Lernwelten stehen beispielsweise der Polizei zur Verfügung, oder dem medizinischen und pflegerischen Personal von Krankenhäusern, oder Wissenschaftlern und Dozenten an Hochschulen. So manches, was für den offenen Markt erst noch entwickelt werden muss, ist hier bereits realisiert.

Das wird aber nicht mehr lange so bleiben. Zunehmend werden Sprach- und Computerkurse, betriebswirtschaftliches Know-how und IT-Basiswissen über das World-Wide-Web gelehrt. Und wenn die Prognosen der Fachleute auf der diesjährigen Weiterbildungsmesse LearnTec stimmen, dann kommt noch im Jahr 2000 ein Mehrfaches des derzeitigen Angebots weltweit hinzu.

Doch längst nicht alles, was als Online-Kurs oder Virtueller Fernlehrgang firmiert, ist tatsächlich ein solcher. Mitunter ist lediglich der Einstufungstest für den Fernlehrgang online zu absolvieren, alles Weitere wird – bisher noch – auf die traditionelle Weise im Fernunterricht mit Büchern und papierenen Arbeitsmaterialien gelehrt oder mit Hilfe einer CD-Rom multimedial vermittelt. Viele so genannte virtuelle Studiengänge und Seminare stützen sich lediglich bei der Kommunikation zwischen Lernenden und Lehrenden auf die E-Mail-Funktion des Datennetzes. Ansonsten wird auch hier anhand von Büchern und einigen Präsenzseminaren studiert. Es gilt herauszufinden, in welchem Umfang das jeweilige Angebot tatsächlich eine Weiterbildung via WWW darstellt.

Unter diesen Offerten sind, das lehrt die bisherige Erfahrung, auch immer welche, die Schwächen aufweisen und im Lernprozess nicht halten, was sie auf den ersten Blick versprechen. Das Gros der Angebote aber weist ein gutes Niveau auf. Sicherlich hängt dies auch damit zusammen, dass die Entwicklung von Online-Lernprogrammen, die diesen Namen auch verdienen, und die Betreuung der Kursteilnehmer oder Studenten aufwendig ist.

Klicken Sie sich klug

Achtung: Scharlatane, die sich nur schnell eine goldene Nase verdienen wollen, können leicht entlarvt werden, wenn ihr Angebot auf einige wichtige Qualitätskriterien hin geprüft wird.

> **Profi-Tipp:**
> Solche Kriterien für Qualitätsstandards hat der durch mehrere Fachbücher schon einer größeren Internet-Gemeinde bekannte Kommunikationstrainer Frank Busch erarbeitet. Sie sind über die Website seines Weiterbildungsinstituts im World Wide Web nachzulesen: **http://www.mind-and-more.de**. Auf Seite 152 finden Sie eine leicht gekürzte Fassung.

Weltweit virtuell studieren

Die Erfahrungen eines oder mehrerer Auslandssemester kann das Studium an einer der Virtuellen Universitäten in aller Welt nicht ersetzen. Schließlich lehrt der Campus nicht nur Betriebswirtschaft oder Mathematik, sondern auch „Love, Liqueur and Life", also Liebe, Likör und Leben", so Sir John Daniel, der Vizekanzler der Open University in Großbritannien. Für viele Menschen ist diese neue Form universitärer Aus- oder Weiterbildung jedoch die einzige Möglichkeit, zu einem akademischen Abschluss zu kommen – insbesondere in den abgelegenen Winkeln dieser Erde. Es ist auch nicht verwunderlich, dass es vor allem berufstätige Menschen sind, die ein Fernstudium belegen und die vielfältigen Möglichkeiten der elektronischen Vernetzung für ihre Fortbildung nutzen. Mit Hilfe von digitalem Lehrmaterial, Videokonferenzen und intensiver Betreuung über E-Mail büffeln Tele-Studenten Wirtschafts- und Literaturwissenschaften, Programmiersprachen und Jura, physikalische Formeln und Netzplantechnik.

Weltweit virtuell studieren

Wer interessehalber hineinschaut in die Liste der Homepages von Studenten virtueller Universitäten trifft auf Frauen und Männer aus Ländern dieser Erde, von deren Existenz er oder sie zuvor vielleicht noch nie gehört hat. Und mit welcher Selbstverständlichkeit diese Studenten rund um den Globus die englische Sprache verwenden, kann bundesdeutsche Fremdsprachen-Abstinenzler bloß beschämen. Sie gehören doch nicht etwa dazu?

Lernen Sie doppelt

Ein Online-Englischkurs, der mit Hilfe der Suchmaschinen und Bildungsserver schnell gefunden ist, lässt Sie dann gleich zwei Fliegen mit einer Klappe schlagen: Sie machen Ihre ersten Erfahrungen mit dem Tele-Lernen und Sie trauen sich danach vielleicht endlich das ersehnte Zusatzstudium zu und schreiben sich ein als Tele-Student. Zum Beispiel für den „Master of Business Administration" an der hochgelobten virtuellen „University of Southern Queensland" in Australien.

„Warum sollte sich zukünftig jemand für ein Studium neben dem Beruf bei einem mittelmäßigen MBA-Kurs an der Universität von Poppleton einschreiben, wenn er oder sie über das Internet auch Harvard oder MIT belegen kann", fragt – nach einem Bericht von Ines Zöttl in der „Wirtschaftswoche" – der Vizekanzler der Universität von Southhampton, Professor Howard Newby in einem viel beachteten Grundsatzaufsatz zu „Höhere Bildung im 21. Jahrhundert". In spätestens zwei Jahren werden sich Studenten in München, Johannesburg, Sidney oder Rio auf dem virtuellen Campus einer gerade entstehenden Internet-Universität des Königreichs England begegnen (im Chat oder via E-Mail oder während einer Videokonferenz). Und vielleicht können sie später mit einem Oxford- oder Cambridge-Abschluss glänzen. Noch zieren sich die feinsten der feinen britischen Universitäten, dem Trägerkreis der „E-University" anzugehören. Doch Oxford verhandelt schon.

Klicken Sie sich klug

Die Labour-Regierung mit Bildungsminister David Blunkett an der Spitze ist sehr am baldigen Start der britischen „E-University" interessiert. Nicht um eines humanistischen Bildungsideals wegen; der Export britischen Bildungsgutes bringt Devisen ins Land. Viel Geld, denn Studieren in England ist teuer. Etliche 1 000,– DM Studiengebühren pro Jahr kostet es schon, später im Lebenslauf den Master einer Eliteuniversität ausweisen zu können.

Wichtig: Die Öffnung des globalen Bildungsmarktes ist in vollem Gang. Neue virtuelle universitäre Lernmöglichkeiten entstehen täglich. England hat sehr spät erkannt, dass es durch die Dominanz des Englischen als globale Wirtschaftssprache einen bedeutenden Vorteil hat, der sich insbesondere im Blick auf die zunehmende Zahl der internationalen Studenten in bare Münze umwandeln lässt. Immerhin hat inzwischen die wichtigste Fernuniversität des Königreichs, die „Open University", einen reinen Web-Kurs gestartet: „T171. Du, dein Computer und das Netz".

Auch Deutschland hinkt im Vergleich zu Virtuellen Universitäten in anderen Ländern, insbesondere den Vereinigten Staaten, um Jahre hinterher. Fachleute sprechen von einem Vorsprung der anderen von fünf Jahren. Einzig der Bereich Virtuelle Universität der Fernuniversität Hagen, die bereits seit mehr als zwei Jahren das Konzept eines virtuellen Studiums im regulären Studienbetrieb erprobt, kann sich – nicht zuletzt, weil die Angebote auch englischsprachig sind – im internationalen Vergleich behaupten. Sie gilt als „weltmarktfähig", ist Benchmark in Deutschland.

Als einzige deutsche Hochschule hat sich die Freiburger Universität für „Universitas 21" qualifizieren können, einem internationalen Netzwerk von 18 Universitäten, das weltweit mit einem gemeinsamen Marketing, gemeinsamen Studienplänen und gemeinsamem Tele-Teaching auftritt.

Die Gründe für den späten Start in die virtuelle Lehre und die noch sehr an Flickwerk erinnernden Studienangebote deutscher Hochschulen sind vielfältig. Sie liegen sowohl in der Struktur unseres Bildungswesens wie in der fatalen Selbstherrlichkeit, die in vielen Bereichen bundesdeutscher Hochschulen noch anzutreffen ist. Sie haben zu tun mit dem Umstand, dass viele Institute auf Drittmittel angewiesen sind; dass nur in seltenen Fällen fachbereichs-übergreifend Mittel angefordert werden, was komplexe Lösungen unmöglich macht. Daher die vielen „Insellösungen" bei den virtuellen Hochschulangeboten. Studiengebühren werden bei uns diskutiert und diskutiert und diskutiert. Das kostet Geld, bringt aber nichts ein. Und es fehlt an Fachleuten für die Konzeption und Umsetzung von Online-Studiengängen.

Alles ist im Werden

Mit Hochdruck wird an vielen Instituten an der Online-Education gearbeitet. Bund und Länder haben in den vergangenen Jahren, nach einem Bericht im Magazin „Stern", 240 Millionen DM in den Aufbau digitaler Studienangebote gesteckt. Wenn Deutschland den internationalen Anschluss schaffen soll, muss hier allerdings noch kräftig nachgebessert werden. Digitales Studieren ist teuer: Eine Stunde multimedial aufbereiteter Lernstoff kosten bis zu 10 000,– DM.

„Jeder schreit nach kurzläufigen Programmen", berichtet Ulrich Bernath von der Carl-von-Ossietzky-Universität in Oldenburg. Sowohl er als auch andere Bildungsexperten bedauern, dass die Universitäten immer noch zu wenig Allianzen schließen. So auch Walter Kugemann, der Koordinator der „Virtuellen Hochschule Bayern". Statt sich auf Standards zu einigen, böten die Hochschulen immer noch zu viele ähnliche Vorlesungen an. Im Aufbau sind aber bereits eine ganze Reihe.

Klicken Sie sich klug

> **Ausgewählte virtuelle Lernmöglichkeiten**
>
> - Die Studiengänge Wirtschaftsingenieurwesen, Umweltorientiertes Management, Multimediatechnik und BWL der Virtuellen Fachhochschule, einem Gemeinschaftsprojekt mehrerer Fachhochschulen, Verbände, Weiterbildungsträger und Industrieunternehmen: **http://www.fh-lue beck.de**
>
> - Teleseminare und Vorlesungen der vom Land Baden-Württemberg mit 50 Millionen DM geförderten Virtuellen Universität Oberrhein (Viror) im Bereich Multimedia und Informatik, Psychologie und Medizin: **http://ad.informatik. uni-freiburg.de/viror**
>
> - Studiengänge Informatik, Wirtschafts- und Ingenieurwissenschaften und Medizin der mit einem Einstein-Porträt werbenden Virtuellen Hochschule Bayern, einem Zusammenschluss aller bayerischen Universitäten und Hochschulen: **http://www.vhb.org**
>
> - „Docs'n Drugs – Die virtuelle Poliklinik" – Fallbasiertes und webbasiertes Lernen in der Medizin und in medizinbezogenen Studiengängen unter Federführung der Universität Ulm und der Fachhochschule-Hochschule für Technik Ulm; ein im Rahmen des Förderprogramms „Virtuelle Hochschule" des Landes Baden-Württemberg entwickeltes Projekt.
>
> - Virtuelle Seminare für Studenten „What is Europe?" im Cefes Online-Forum der Universität Tübingen: **http:// www.diff.uni-tuebingen.de/cefes**

Das Zukunftsszenario setzt viele solcher universitären Allianzen voraus – nationale und internationale. Jede und jeder Studierende weltweit kann danach unter den besten Angeboten auswählen:

den einen Kurs aus den USA, den anderen aus Australien, das eine Seminar von der „Heimatuni" in Berlin, ein anderes von deren Partneruni in Hamburg oder Hongkong. Eine Koordinierungsstelle und eine Zertifizierungsstelle sichern Qualität und Abschlüsse. Wolfgang Leidhold, Politikwissenschaftler an der Universität Köln, mutmaßt bereits, dass der Anteil reiner Präsenz-Unis ohne Online-Angebote in den Industriestaaten in fünf Jahren unter zehn Prozent liegen wird.

Einige der ausländischen virtuellen Universitäten haben Büros in Deutschland – zur Immatrikulation und für „reale" Prüfungen. Dort erhalten potenzielle Studenten Informationen zum Studium und Beratung während Kursen und Seminaren.

Das virtuelle Studieren kostet Geld

Rund 15 000,– DM Studiengebühren zahlt ein MBA-Student im Verlauf des Studiums an die Southern-Queensland-Universität. Umgerechnet rund 25 000,– DM kostet das zwölf Kurse umfassende Studium zum „Master of Distance Education" an der Carl-von-Ossietzky-Universität in Oldenburg. Viele Deutsche schrecken bei solchen Summen zurück. Ulrich Bernath erlebt das immer wieder. Dennoch findet ein Run auf den „Master of Distance Education" statt: Menschen auf den Philippinen, in Südamerika oder im europäischen Ausland ist offenbar mehr bewusst, dass die Absolventen dieses Studiengangs in aller Welt gesucht werden wie die sprichwörtliche Stecknadel im Heuhaufen. Sie sind es nämlich, die später einmal die Lernumgebungen für E-Training und Online-Lernen erschaffen. Entsprechend lang ist Bernaths Warteliste, trotz deutscher Abstinenz.

Auf fast eine Billiarde DM jährlich wird der derzeitige weltweite Markt für höhere Bildung von Experten geschätzt. Großbritannien will sich, nach Aussage von Diane Warwick, der Chefin der britischen Universitätsvereinigung CVCP, in den nächsten fünf Jahren

Klicken Sie sich klug

ein Viertel dieses Marktes sichern. Wir diskutieren hierzulande offenbar lieber über die Green Card, statt endlich über Alternativen für die eigenen Leute offensiv nachzudenken und dafür Geld zu investieren – mehr Geld als bisher. Möglicherweise agieren die Top-Profis an unseren Universitäten auch noch zu versteckt und die Wirtschaft wird zu wenig aufmerksam auf sie. Oder es gilt einmal mehr die Aussage, dass der Prophet im eigenen Lande nichts gilt. Anderswo mästet man weniger die Probleme und erkennt besser die Gelegenheiten.

Profi-Tipp:

- Wenn Sie sehen wollen, was es heißt, die Online-Angebote von Hochschulen zu bündeln und über eine einzige Web-Site zugänglich zu machen, besuchen Sie doch einmal die Adresse **http://www.mindedge.com**, die Web-Site der US-amerikanischen Internet-Universität.

- Dieses kommerzielle Unternehmen ist eine Art Agentur, die multimediale Kurse und Studiengänge der beteiligten Hochschulen vermittelt. Sie bildet quasi das Tor zu mehr als 1 200 Internet-Kursen, die von unzähligen etablierten Universitäten angeboten werden – mit entsprechenden Zertifikaten oder ganzen Hochschulabschlüssen. Ausgewiesen werden nicht nur die Inhalte und Preise, sondern auch Demoversionen und die Art des Abschlusses.

- Ein ausgeklügeltes Suchsystem hilft Ihnen, rasch die angebotenen Kurse der von Ihnen gewünschten Kategorie in der von Ihnen bevorzugten Zeit zu finden.

Deutsche Virtuelle Universitäten

Die Pioniere in Sachen Virtuelles Studium in Deutschland sitzen in der Fernuniversität Hagen **(http://www.fernunihagen.de)**. Das in dieser traditionellen Hochburg des Fernstudiums über Jahrzehnte angesammelte, vielfältige Wissen vom Lernen über Distanz war sicherlich mit die wertvollste Ressource beim Aufbau des Online-Angebots. Es verdient in zweierlei Hinsicht Anerkennung:

- Das virtuelle Studienangebot ist professionell aufgebaut und sehr gut verflochten mit dem regulären Studienbetrieb, neben dem es jetzt „im Ernstfall" erprobt wird – und

- es stellt ein qualitativ sehr gutes virtuelles Angebot dar: sowohl inhaltlich als auch in Bezug auf Aufbau und Benutzerführung.

Damit hebt sich das Konzept, das konsequent alle neuen Medien nutzt, wesentlich von der Konzeption vergleichbarer Ansätze ab: alle relevanten Funktionen einer Universität werden umgesetzt. Zum Lehrkonzept gehören neben den Komponenten der Wissensvermittlung auch Kommunikationsmöglichkeiten, Gruppen – und Seminararbeiten, Übungsbetrieb über Netze sowie umfassende Informationsmöglichkeiten.

In einem Vergleich der Online-Angebote von 259 deutschen Hochschulen, der von der Zeitschrift „Online Today" Ende 1998 vorgenommen wurde, hat die Fernuniversität am besten abgeschnitten. Bewertet wurden die Web-Angebote in erster Linie nach Inhalt, aber auch in Bezug auf Layout, Handhabung und Interaktivität.

Zum Fernstudium an der Fernuni Hagen müssen Sie sich generell immatrikulieren lassen – also auch für die virtuellen Studienplätze der Fachbereiche Elektrotechnik, Erziehungs-, Sozial- und Geisteswissenschaften sowie Informatik. – Weitere sind im Aufbau.

Klicken Sie sich klug

Main Campus of the FernUniversität in Hagen

The FernUniversität - Gesamthochschule in Hagen
A Unique University in Germany

The FernUniversität - Gesamthochschule in Hagen ("University of Hagen") was founded in 1974 to provide distance higher education for students at home and abroad. The FernUniversität is the only distance teaching university in Germany and an integral part of the regular public higher education system. Admission and examination requirements, final degrees conferred, doctorates and procedures to qualify as a university teacher are fully in line with those of conventional universities. The same applies to academic autonomy. Academic research is done by professors of each faculties.

Studying at the FernUniversität is based on private study guided from a distance. The student can pursue his/her studies individually and thus devise his/her own work schedule and choose his/her own work environment. These study conditions particularly meet the educational needs of those applicants who are not able to study with a conventional university on account of professional or domestic commitments, or other personal reasons.

There are currently over 58,000 students registered at the FernUniversität. The six faculties are: Computer Science, Economics, Education, Social Sciences and Humanities, Electrical Engineering, Law, and Mathematics. Depending on the programme of study, after completion of at least three years' full-time studies the degrees Diplom I (equivalent to a Bachelor's degree) or Erste Staatsprüfung (First State Examination) or Bachelor of Arts (B. A.) are conferred. New 3- and/or 3 1/2-year programmes of study include Bachelor's degree programmes in computer science (B. Sc. Inform.), in mathematics (B. Sc. Math.), as well as in electrical engineering (B. S. Information und Communication Engineering). Completion of at least four years' full-time studies leads to the academic degrees Diplom II or Magister Artium, equivalent to a Master's degree. On the whole about 1,700 courses are offered for degree and postgraduate programmes as well as further education. The language of instruction is mainly German, with the exception of the Bachelor's programme in electrical engineering. This bilingual programme is offered online in German as well as in English.

The FernUniversität's prime medium in most study programmes and in most subjects is still the traditional paper based printed course text (Studienbrief). Longstanding complementary media to these 1,700 courses have been audio tapes (relating to 40 courses), video tapes (relating to 150 courses), and regular bi-weekly public television broadcasts.

Abdruck mit freundlicher Genehmigung der Fernuniversität Hagen

Deutsche Virtuelle Universitäten

Computer-mediated communication is in use in the field of database processing and concerning the submission, assessment, and evaluation of computer marked assignments. Interactive videotext and electronic facilities are in application for ordering library books, videos, and for general communication between the student and the teaching and administrative staff of the FernUniversität. Computer-based training programmes are being offered with a view to reaching a high degree of individualised learning.

The FernUniversität has been constantly examining the evolving new technologies on their suitability for its various activities. At present, the FernUniversität is undergoing a rapid process in adapting and implementing the new educational multimedia for its purposes and in response to the challenges and progress of the Information Society. Experiments and feasibility studies are conducted on new multimedia courses as well as on the transformation of existing (mainly paper based) course materials into multimedia file courses on CD ROM, on the use of video and computer conferencing, on the application of ISDN telecommunication, etc.

The FernUniversität is developing a comprehensive 'Virtual University' in which all offices and services of the FernUniversität can be accessed and used via electronic communication and multimedia. This 'Virtual University' includes all teaching materials and events, the academic and administrative student support services, the administrative functions, the 'social life', the study material delivery, etc. The system could be implemented now in a 3 1/2-year-Bachelor's programme in Information and Communication Engineering. Carrying out this undergraduate programme is based on using computer networks instead of mail.

International relations of the FernUniversität include cooperation agreements with more than 30 universities and academic networks. The FernUniversität is a member of EADTU (European Association of Distance Teaching Universities), of EuroPACE 2000 (a European association of universities and industrial companies for multimedia-based teaching), of ICDE (International Council for Open and Distance Education), of CRE (Association of European Universities), and of IAU (International Association of Universities). The FernUniversität is internationally engaged in numerous bi- and multilateral projects.

International students are welcome to the FernUniversität. There are over 4,000 students living outside Germany, i.e. in all parts of the world. Student support is provided by E-mail, letter, telephone, or personal counselling at Hagen, as well as by over 60 study centres in Germany, Austria, Switzerland, as well as Hungary, the Czech Republic, Latvia, Russia, and Ukraine. In those countries not bordering on Germany it is possible to sit for FernUniversität examinations at the local branches of the Goethe-Institute, German schools, or the German embassies or consulates.

A brochure in English language, the 'General Prospectus', gives detailed information on study opportunities. It is available free of charge. Please click here, or address yourself to:

FernUniversität, Dez. 2.4, D-58084 Hagen, Germany.

mail to: info-material@fernuni-hagen.de

The addresses/locations of the FernUniversität - Gesamthochschule in Hagen are:

Mailing address:	**Main Campus:**	**Admissions Office:**	**International Relations:**
FernUniversität	Feithstr. 140	Konkordiastr. 5	Feithstr. 142
D-58084 Hagen	D-58097 Hagen	D-58095 Hagen	D-58097 Hagen

mail to: international@fernuni-hagen.de

Klicken Sie sich klug

> **Profi-Tipp:**
> Interessenten sollten sich einen Abend Zeit nehmen und auf den für Besucher zugänglichen Seiten intensiv stöbern. Sie können die Fachbereiche aufsuchen, die Liste der Lehrgebiete einsehen und einzelne Institute aufsuchen.

Am attraktivsten und umfangreichsten ist die Website des Fachbereichs Elektrotechnik: et online. Nach einem kurzen Willkommensgruß werden Sie bei dem Versuch, den „et online-Assistenten" aufzurufen, zwar gleich wieder abgewiesen, weil Ihnen das Passwort fehlt (das ist in der Regel die Matrikelnummer mit einem vorangestellten q – Beispiel: q1234567), aber schon der nächste Link macht Sie bekannt mit Prof. Dr. Ing. Firoz Kaderali, der Sie in einem Kurzvideo begrüßt und Ihnen Informationen zum virtuellen ET-Studium gibt.

Zur Verfügung gestellt werden den Studenten Software-Updates, um den heimischen PC für die Kommunikation mit dem Uni-Server auszustatten. Eine geführte Tour durch das Angebot gibt wichtige Hinweise zum Online-Studium und Einblick in die erste Einheit eines Kurses.

Alle drei Fachbereiche bieten eine Auswahl an Vorlesungen, Seminaren und Praktika online an. Die Fernkurse wurden elektronisch aufbereitet und durch Integration multimedialer und interaktiver Elemente angereichert.

Wichtig: Lassen Sie sich nicht entmutigen, wenn Sie gelegentlich in der Sackgasse landen: File not found. Versuchen Sie es später noch einmal. Möglicherweise ist die Seite bei Ihrem ersten Besuch gerade aktualisiert worden oder ein Link wurde falsch gesetzt.

Studenten ohne die Möglichkeit kostenloser Nutzung des Internets wird die Offline-Bearbeitung angeraten. Dazu hat die Fernuni einen Offline-Navigator generiert, mit dessen Hilfe die Programme herunter geladen werden können. Online gearbeitet wird bei der kursbezogenen Kommunikation zwischen Studenten und Dozenten, bei Übungen und teilweise auch bei Seminaren und Praktika. Alle Kurse werden über Newsgroups und E-Mail oder mittels Videokonferenzen durch Dozenten und Tutoren betreut. Die Fernuni kann auf ein weit verzweigtes Netz an Kooperationspartnern zurückgreifen. Dem bisherigen klassischen Fernstudiensystem mit den regional breit gestreuten Beratungs- und Betreuungsmöglichkeiten steht nun ein dezentrales virtuelles Angebot zur Seite.

Das Lehrmaterial umfasst:

- Multimedia-Kurse
- Videos
- Computer-based Trainings
- Simulationspakete
- Experimentiersoftware
- Animationen
- und Printmedien

Das Konzept wird fortlaufend weiterentwickelt und modifiziert. Wer Lust hat, kann via Web bei der Fernuni-Bibliothek Bücher ausleihen, sich die neuesten Forschungsprojekte und Veröffentlichungen anschauen und in der virtuellen Cafeteria mit anderen Fernstudenten ein Chat-Schwätzchen halten. Oder er oder sie tummelt sich noch etwas auf den Homepages der Fernuni-Studenten. Das können übrigens auch Sie als Besucher. Vielleicht werden das ja bald Ihre virtuellen Kommilitonen sein.

Wirtschaftsinformatik der WinfoLine

Die Universitäten Saarbrücken, Leipzig, Kassel und Göttingen bieten unter dem gemeinsamen Portal WinfoLine ein Online-Studium „Wirtschaftsinformatik" samt WinfoLine-Chat an. Studenten können alle alternativen Angebote der Partner nutzen. Scheine und

Klicken Sie sich klug

Übungen werden gegenseitig anerkannt. Ein guter Überblick über das Projekt und den vollständigen Projektantrag können Interessenten aus der Website **http://www.winfoline.de** herunterladen. Sie können als Gast auch kurz hineinschnuppern.

Business Engineer/Wirtschaftsinformatik

Bei der „imc information multimedia communication", einem so genannten „Spin-off" des Instituts für Wirtschaftsinformatik der Universität des Saarlandes, können Sie einen Online-Kurs zum Business Engineer/Wirtschaftsinformatik mit einem von der Industrie- und Handelskammer anerkannten Abschluss machen. Der Kurs geht über eineinhalb Jahre. Pro Trimester findet ein dreitägiges Präsenzseminar statt. Ansonsten ist alles online – auch die Betreuung durch die Tutoren. Eine von ihnen ist Kirsten Redecker. Ihr Bild finden die angehenden Wirtschaftsinformatiker im Netz, sobald sie sich angemeldet haben. Von ihr bekommen sie ein Starter-Paket mit den Zugangsdaten zur Lernumgebung, den Skripten zu den Lerninhalten und eine CD-Rom fürs Offline-Lernen – über **http://www.global-learning.de**

Beispiel:

Kirsten Redecker ist seit einem Jahr Tele-Tutorin der privaten Internet-Hochschule. 130 Schützlinge hatte sie im Mai 2000 zu betreuen – ein Fulltime-Job. Ihre „Schüler" erlebt sie alle als sehr motiviert. Die Kommunikation läuft über E-Mail, mitunter auch übers Telefon. Außerdem nehmen die Teilnehmenden an so genannten „Net-Meetings" teil, während denen sie über das Internet gemeinsam Dateien bearbeiten. Über ihre Arbeit hat sie in der Süddeutschen Zeitung berichtet:

„An den normalen Arbeitstagen sehe ich zuerst nach, ob Einsendeübungen oder Fragen per E-Mail eingegangen sind und beantworte sie. Sind es technische Fragen, leite ich sie an un-

> seren Support weiter. Außerdem organisiere ich gemeinsam mit einem Kollegen die Präsenzseminare und motivierende Events, wie den Best Learner Award. Zwar lernt man die Teilnehmer auch durch E-Mail und Telefon ganz gut kennen, aber durch die Präsenzseminare wird der Kontakt schon spürbar herzlicher."

Fernstudiengang Informatik

Noch überwiegend methodisch konventionell verläuft das Grundstudium des Fernstudiengangs Informatik an der Fern-Fachhochschule Darmstadt, einer privaten Hochschule. Doch schon das Hauptstudium ist mit Online-Elementen ausgestattet. Generell online werden die Hausaufgaben durch die Dozenten bearbeitet und Kontakte der Studierenden untereinander gepflegt: **http://www.privatfh-da.de**

Diplom-Studiengang Electronic-Commerce

Im Rahmen des Landesprojekts „Multimedia-gestützte Studiengänge an Hochschulen" erprobt die Berufsakademie Baden-Württemberg an der Fachhochschule Heidenheim einen gemeinsam mit der Deutschen Telekom entwickelten Diplom-Studiengang „Electronic-Commerce": **http://www.ba-heidenheim.de**

Widok – Virtuelles Doktoranden-Kolloquium

Im Aufbau befindliche Plattform für Information und Austausch im Forschungsbereich „Interkulturelle Kommunikation" der Europäischen Universität Frankfurt-Oder. Das vom Lehrstuhl für Sprachwissenschaft II – Fremdsprachendidaktik – generierte Medium bildet einen virtuellen Arbeitsraum, im dem Dokumente (Texte, Bilder, E-Mails, Links) abgelegt, geladen und bearbeitet werden können. Es dient einerseits der Recherche und andererseits als Dis-

Klicken Sie sich klug

kussionsforum für alle an der Thematik interessierten Personen: http://viadrina.euv-frankfurt-o.de/(tilde)sw2/Doktoranden/widok.html

Aufbaustudium Informations- und Kommunikationssysteme

Die Technische Universität Chemnitz erprobt ein zweistufiges, jeweils zwei Semester umfassendes Aufbaustudium für Berufstätige: „Informations- und Kommunikationssysteme", das komplett übers Internet läuft: **http://www.tu-chemnitz.de**

Ganz neu im Angebot der TU Chemnitz ist ein Online-Kurs „Internet: Vom Basiswissen zum Netzmanagement", der gemeinsam mit dem Verband Deutscher Elektroingenieure – VDE entwickelt wurde. Programm und Anmeldungsunterlagen können unter **http://iuk.tu-chemnitz.de** angefordert werden, einen ersten Einblick erhalten sie unter **http://iuk.tu-chemnitz.de/iuk-demo**. Der Kurs kostet 2 960,– DM. Für VDE-Mitglieder ist er 110,– DM günstiger.

Online-Stipendium

Studenten aller Fachrichtungen haben die Möglichkeit, kostenfrei im Internet zu recherchieren und Informationen von mehr als hundert sonst kostenpflichtigen Datenbanken abzurufen. Der neue Onlinedienst **http://www.e-fellows.net** entspringt einem Joint Venture der Deutschen Telekom AG, der Unternehmensberatung McKinsey und der Verlagsgruppe Georg von Holtzbrinck. Weitere Partner werden zur Zeit geworben. SAP und die Deutsche Bank haben laut „Wirtschaftswoche" bereits ihr Interesse bekundet.

Neben umfangreichen Recherchemöglichkeiten gibt es Informationen über die besten Universitäten im Ausland, Literaturtipps, Diskussionsforen, Bewerbungsberatung und Stellenangebote.

Ausländische Virtuelle Universitäten

Auch viele Online-Studienangebote von ausländischen Hochschulen sind erst noch im Werden. Es gibt allerdings Virtuelle Universitäten, die diesen Namen wirklich verdienen und seit Jahren Online-Studien anbieten. Drei sollen hier etwas ausführlicher vorgestellt werden.

University of Phoenix Online

Schon 1989 ist diese Virtuelle Universität in den Vereinigten Staaten gegründet worden. Seither machen Studenten aus aller Welt via PC ihre Ausbildung. Mit den Jahren sind immer mehr Studiengänge und Kurse dazugekommen, die ein berufsbegleitendes Online-Studium, beispielsweise zum Master of Business Administration, möglich machen.

9 500 Studenten weltweit hat die Online-Uni, deren Durchschnittsalter 38 Jahre beträgt. Ein Fünftel sind Selbstständige, 30 Prozent gehören als Führungskräfte dem Mittelmanagement an und etwa 40 Prozent der Studierenden sind Spezialisten, die sich höherqualifizieren möchten. Zwei Drittel schließen mit einem Bachelor oder Master ihre Ausbildung an der Virtuellen Universität ab. Die Mehrzahl der anderen hat Kurse mit einem zertifizierten Abschluss belegt.

Eine Voraussetzung ist selbstverständlich, dass die Studierenden die englische Sprache beherrschen, denn alle Diskussionen mit den Kommilitonen und den Dozenten im virtuellen Klassenzimmer werden englisch geführt. Und auch das gesamte Begleitmaterial ist in englischer Sprache verfasst. Studenten aus nicht englischsprachigen Ländern müssen ihre Sprachkenntnisse mittels eines Tests unter Beweis stellen.

Wichtig: Um das Studium angemessen neben der Berufstätigkeit absolvieren zu können, und um nicht mit allen anderen gemeinsam zur selben Zeit beginnen zu müssen, starten die einzelnen

Klicken Sie sich klug

Kurse wöchentlich und haben dann eine Laufzeit von fünf oder sechs Wochen, so dass Sie die Lernzeit innerhalb dieses Rahmens auf Ihre sonstigen Verpflichtungen abstimmen können.

Von Anfang an werden Sie sich als Teil einer besonderen „Community" fühlen können, denn die Betreuung über E-Mail und im Chatroom ist sehr professionell. Die virtuellen Klassen umfassen acht bis höchstens 13 Studierende aus verschiedenen Ländern. Es kann also durchaus sein, dass Sie sich schon während Ihrer ersten Kurse intensiv mit sehr interessanten Führungskräften und Spezialisten aus aller Welt austauschen können – ohne ein einziges Mal über die Landesgrenze reisen zu müssen.

Die Liste der Online-Kurse und -Studiengänge ist lang. Ganz neu im Programm sind ein Bachelor- und ein Masterstudiengang „Nursing", Krankenpflege. Der Schwerpunkt liegt allerdings bei den Management-Ausbildungsgängen wie dem Bachelor of Science in Business, dem Master of Business Administration oder dem Doctor of Management in Organizational Leadership. Die Studiengänge werden auf der Website ausführlich beschrieben. Für ihre Qualität im Blick auf die notwendige internationale Ausrichtung spricht, dass die Virtuelle Universität in den mehr als zehn Jahren ihrer Existenz ein verzweigtes Netzwerk von Fachleuten in zahlreichen Partner-Hochschulen in aller Welt aufbauen konnte: **http://online.uophx.edu**

University of Southern Queensland

Die australische Fernuniversität ist eine weltweit anerkannte höhere Bildungseinrichtung und die erste Fernuniversität, die nach ISO 9001 zertifiziert wurde. Im letzten Jahr wurde sie vom „International Council of Open and Distance Education (ICDE)" als herausragende innovative Bildungseinrichtung ausgezeichnet. Das offizielle Handbuch für das Jahr 2000 finden Sie online unter: **http://www.usq.edu.au/dec/index.htm**

Ausländische Virtuelle Universitäten

Meet the Deputy Vice-Chancellor (Global Learning Services)

Professor Jim Taylor
Office of Deputy Vice-Chancellor (Global Learning Services)

Online Education

USQ's online global learning initiatives are recognised as "State-of-the-art in international delivery, curriculum content and form" - Australian Government's Evaluations & Investigations Program

ISO9001

USQ was the first distance education institution to gain a Quality System Certificate of Registration ISO 9001 for the following activities:

Courseware design and development...Project management...Audio an

ICDE

In 1999, USQ was awarded the inaugural Prize for Institutional Excellence by the International Council for Open and Distance Education (ICDE) for on and off campus edueational leadership and innovation. ICDE has membership in 130 countries.

Abdruck mit freundlicher Genehmigung der USQ – The University of Southern Queensland

Klicken Sie sich klug

Die USQ hat in den vergangenen Jahren ein umfangreiches Online-Studienangebot aufgebaut, das Tausende von Berufstätigen in aller Welt belegen. Studierende sind auch hier wieder in einer multikulturellen virtuellen Gemeinschaft. Die Zertifikate und die Graduiertentitel sind inzwischen auch in Europa bekannt.

Achtung: Es kann Ihnen dennoch passieren, dass Ihr Studienabschluss oder Ihr Kurszertifikat wegen seiner Herkunft zunächst mit Erstaunen und Skepsis quittiert wird. Der MBA einer Universität auf dem Fünften Kontinent – das hat für einige doch noch einen Hauch von Exotik.

Ob Sie online Kommunikationsdesign studieren oder Journalismus, sich zum Master of Information Technology weiterbilden oder zum Master of Open and Distance Learning – fast immer werden Sie einen Studiengang belegen können, der bereits eine nationale oder internationale Auszeichnung bekommen hat.

Die USQ hat in Ländern, in denen sich eine größere Zahl von Fernstudenten befindet, Studien- und Unterstützungszentren eingerichtet. Das European Center befindet sich in Bretten. Interessenten und Studierende aus Deutschland haben somit eine feste Anlaufstelle und darüber hinaus auch eine deutsche Website: **http://www.usq-bretten.de**. In diesem Study Center werden sie beraten, erhalten Unterstützung bei der Studienwahl oder bei Sprachproblemen. In Bretten werden Präsenzveranstaltungen durchgeführt, finden Vorträge statt und dort stehen auch Computer mit Internetzugang für die Studierenden bereit. Hier erfahren Sie auch die Höhe der Studiengebühren. Denn auch die USQ kostet – und zwar nicht zu knapp.

Robert Kennedy University in Switzerland

Best Business Performance – dieses Ziel sollen die Studierenden der Amerikanisch-Schweizer Online-Uni mit Sitz in Zürich erreichen. Deshalb wird auch ausdrücklich mit „Swiss Quality Education" geworben. Darüber hinaus betonen die Verantwortlichen immer wieder die im internationalen Vergleich eher niedrigen Studiengebühren von insgesamt 4 500,– $ pro Bachelor- oder Masterstudiengang. In Wahrheit ist die Robert Kennedy University nämlich gar keine Universität, sondern eine Business-School, die zum Bachelor oder Master of Business Administration ausbildet. Interessenten können sich den Uni-Katalog mit den wichtigsten Informationen über die Einrichtung aus dem Internet herunterladen: **http://www.kennedyuniversity.edu**

Für besondere Anlässe lädt die Online-Business-School auf ihren „Castle Campus" in Sierre in der französischen Schweiz ein. Dort können sich die ansonsten ganz verstreut (zumeist in Europa) sitzenden Studierenden dann auch einmal ganz real gegenüber treten.

Profi-Tipp:
Wenn Sie sich ausführlich auf den Websites von Fernuniversitäten und Virtuellen Universitäten weltweit umsehen wollen, rufen Sie am besten ein Verzeichnis einer Suchmaschine auf. Bei **Yahoo.com** zum Beispiel finden Sie eine Liste über die Links „Education" → „Higher Education" → „Distance Learning".

Der Computer als Sprachlehrer

Gegenüber den inzwischen weit verbreiteten und viel genutzten multimedialen Sprachkursen auf CD-Rom haben Online-Sprachkurse einen entscheidenden Vorteil: Sie haben bei guten Programmen – und darauf sollten Sie besonders achten – die Möglichkeit, sich via E-Mail oder in einem Chatroom mit der Lehrerin beziehungsweise dem Lehrer und mit anderen Kursteilnehmern auszutauschen. Eventuell kommen Sie über dieses Forum mit Mut-

Klicken Sie sich klug

tersprachlern zusammen, denn die Teilnehmerkreise sind überwiegend international. Vielleicht ist das sogar der Anfang einer guten Bekanntschaft oder gar Freundschaft. In einem Punkt nämlich haben die Kritiker von Sprach-Fernkursen Recht: eine wirklich gute Aussprache und die echten Feinheiten bei der Wortwahl und der Betonung lernen Sie nur im direkten Umgang mit Menschen, die in dieser Sprache „zu Hause" sind.

Einen Riesenvorteil haben Online-Sprachkurse freilich für all jene Fremdsprachenmuffel, die sich mehr schlecht als recht mit ihrem Deutsch durchs Berufsleben schmuggeln. Die sich vor jeder internationalen Tagung drücken, auf der zum Beispiel Englisch die Konferenzsprache ist. Oder sich nicht trauen, die dann häufig zur Verfügung stehenden Kopfhörer für die Simultanübersetzung aufzusetzen. Das würde sie ja entlarven. Manager, die sich krank melden, wenn eine Verhandlung mit dem Geschäftspartner aus Übersee ansteht, und die stattdessen ihren Stellvertreter bitten, die Sitzung zu leiten.

> **Profi-Tipp:**
>
> - Ein Englisch-Sprachkurs am heimischen PC beseitigt nicht nur das Fremdsprachen-Manko sehr diskret.
> - Er bringt auch mit zunehmendem Kenntnisstand die Angst vor internationalen Begegnungen zum Schrumpfen.

Wichtig: Auf Fremdsprachen-Kurse spezialisierte Internet-Sortimenter machen es den Interessenten leichter, im weltweiten Angebot das jeweils richtige für sich zu finden.

Der Computer als Sprachlehrer

Agora Language Marketplace

Links zu Sprachlernquellen in aller Welt offeriert **http://agora lang.com**. Neben Sprachkursen finden Sie hier Wörterbücher und Zitatenschätze. Diese Site ist eine der wenigen, die auch seltenere Sprachen berücksichtigt.

Sprachenmarkt.de

Ein Start-Up in diesem Sektor ist Sprachenmarkt.de. Das junge Stuttgarter E-Commerce-Unternehmen unterstützt Sie bei der Suche nach Sprachkursen und Lernmaterialen – ganz allgemein, also auch in Bezug auf Präsenzkurse im In- und Ausland. Sie können mit Hilfe von Sprachenmarkt.de Ihr persönliches Lernprofil erstellen und damit die Lerneffektivität steigern. Und Sie können selbstverständlich über **http://www.sprachenmarkt.de** auch direkt buchen.

International Tandem Network

Über eine Website der Ruhr-Universtät in Bochum können Sie sich an einem Projekt der Europäischen Gemeinschaft beteiligen, dem zwölf Universitäten angeschlossen sind: Sprachen lernen im Tandem übers Internet. International Tandem Network vermittelt kostenlos E-Mail-Kontakte zu Menschen in Ländern, deren Sprache Sie lernen möchten. Im Gegenzug agieren Sie selbst als Deutschlehrer für Ihren Tandempartner. Aktuell angeboten werden Lernpartner für die Sprachen Englisch, Spanisch, Französisch, Italienisch, Niederländisch, Portugiesisch, Dänisch und Schwedisch: **http://www.slf.ruhr-uni-bochum.de/email/infde.html**

Berlitz online

Das bekannte Sprachen-Institut zählt mit seinem Internet-Sprachcenter zu den Online-Pionieren. Als Partner der Deutschen Telekom präsentiert es seine Online-Angebote über „Global learning":

Klicken Sie sich klug

http://www.global-learning.com/berlitz. Interessantes rund um die Kurse erfahren Sie im „Club Berlitz Online Center" oder dem Guest Room und der „Short Story Section" über **http://www.berlitz.com**

Die Kursteilnehmer sind in virtuelle Klassen eingebunden und kommunizieren über E-Mail miteinander und mit ihren Dozenten. Im virtuellen Klassenzimmer werden anwendungsorientierte Gruppenarbeiten bearbeitet, so zum Beispiel die Vorbereitung einer Produktpräsentation oder die Planung einer Fallstudie.

EF English First B. V.

Englisch ist inzwischen rund um den Globus die meist belegte Fremdsprache und kann wohl schon als „Weltumgangssprache" bezeichnet werden. Entsprechend umfangreich und didaktisch differenziert aufgebaut sind die Fernlehrangebote. Zu den erfahrenen Anbietern im Online-Segment zählt auch die Firma EF English First mit ihrer Internet-Sprachschule „Englischtown", zu finden unter **http://www.eflanguage.com**

Wer sich als Mitglied registrieren lässt, hat sehr gute Möglichkeiten, mit Kursteilnehmern in aller Welt zu kommunizieren. Zum Kennenlernen der Möglichkeiten des Online-Lernens werden kostenlose Schnupperkurse angeboten; Einstufungstests helfen Ihnen zu erkennen, auf welcher Stufe Sie mit Ihren bisherigen Englischkenntnissen stehen und erleichtern so die Wahl. Als Spezialist für Englisch-Sprachkurse bietet EF English First eine breite Palette zum Selbststudium an: vom Daily English über allgemeines Geschäftsenglisch bis zu branchenspezifisch oder technisch ausgerichteten Kursen.

Rivendel

Jede Menge Online-Sprachkurse, darunter auch kostenlose Englisch-Angebote, offeriert Rivendel unter **http://rivendel.com/~ric/resources/course.html**. Über dieses Portal können Sie viele

Der Computer als Sprachlehrer

verschiedene Sprachkursangebote aufsuchen, auch solche, die andere nicht anbieten wie Samoan, Kisuaheli, Walisisch oder Kurdisch.

Wichtig: Sehr wertvoll ist auch die Link-Liste auf dieser Site, die Ihnen hilft, weitere Sprachkurs-Agenturen und Sortimenter, Einstufungstests und Newsgroups zu finden.

Foreign Languages for Travelers

Reisefreudige, die nicht gleich aufwendig die Landessprache des Reiseziels erlernen wollen, finden über **http://www.travlang.com** zu einem Minimal-Grundwortschatz beziehungsweise einigen für die Reise wichtigen Redewendungen und Fragestellungen in mehr als 30 Sprachen – ähnlich umfangreich wie in den Mini-Sprachführern, die es in Buchform ja lange schon gibt. Vorteil hier: Sie können sich anhören, wie die Wörter ausgesprochen werden. Und sie kommen über Links direkt auf interessante Seiten mit wertvollen Informationen über das Reiseland.

Vielleicht wollen Sie ja auch nur jeden Tag ein neues Wort lernen. Dann können Sie sich Ihren wachsenden Wortschatz Tag für Tag im Web unter **http://www.travlang.com/wordofday** aufrufen und anhören. Sehr informativ und spannend, denn täglich neue Wörter gibt es von A wie Afrikaans bis Z wie Zulu.

Langenscheidt Selbstlernkurse

Die neuen Selbstlernkurse von Langenscheidt in Englisch, Französisch, Italienisch und Spanisch auf CD-Rom sind mit zusätzlichen Übungen im Internet ausgestattet. Sie haben auch die Möglichkeit, eine komplette Probelektion online zu testen: **http://www.langenscheidt.de**

Klicken Sie sich klug

Chinesisch mit Bambushain.de

Eine Linksammlung mit Angeboten von Chinesisch-Onlinekursen sowie WWW-basierten Wörterbüchern finden Sie unter **http://www.bambushain.de**. Einige davon sind von Privatpersonen ins Web gestellt worden und können lediglich als Ergänzung zu einem professionell ausgearbeiteten Sprachkurs genützt werden. Bambushain offeriert aber auch Lernsoftware zum Herunterladen und auf CD-Rom zum Bestellen sowie ganz allgemeine Informationen über die chinesische Schriftsprache und die Vielfalt der chinesischen Dialekte.

Die Welt der IT-ler

Ohne zumindest einige Grundkenntnisse über EDV, die neuen Medien, die Informations- und Kommunikationstechnik und die gängigste Hard- und Software kommt heutzutage niemand mehr aus, der im Beruf Karriere machen oder sich in Gesprächen mit den Mitarbeitern oder gar dem eigenen Nachwuchs nicht hoffnungslos vorgestrig vorkommen möchte. Hier helfen eine ganze Reihe von Online-Kursen weiter. Das Angebot reicht vom EDV-Kurs für Einsteiger bis zum virtuellen Zusatzstudium in Wirtschaftsinformatik.

Nachfolgend einige Beispiele aus dem internationalen Sortiment, das von Woche zu Woche wächst. Zuvor aber noch ein Hinweis für all jene, die sich mit Hilfe einer solchen Weiterbildung eine gute Position in der Boom-Branche erhoffen: Die Einstellpraxis der Multimedia-Unternehmen zum Beispiel zeigt, dass sie großen Wert auf hoch qualifizierte Spezialisten legen. Absolventen von Multimedia-Kursen werden sehr genau unter die Lupe genommen. Abschlüsse mit Phantasietiteln wie „Multimedia-Producer" oder „Medienfachmann" gelten als suspekt, die Absolventen als „Faktotum mit einem weit gefächerten Minimalwissen", wie die Süddeutsche Zeitung in einem großen Beitrag über die Multimedia-Branche vermerkte. Dazu Frank Antwerpes, Vorstand bei der Kölner Antwerpes und Partner AG: „Sie beherrschen einige Vokabeln, aber nicht die Grammatik. Wer heute eine Website programmieren will, muss mehr als die Anwendungsprogramme und Scriptsprachen kennen. Er muss viele Programmiersprachen, auch die Hochsprachen Java oder C++, beherrschen. Und er muss wissen, wie eine Datenanbindung funktioniert."

Wichtig: Achten Sie also auf die Marktfähigkeit Ihres Abschlusses, wenn Sie sich für eine Weiterbildung im IT-Bereich interessieren. Und gehen Sie vor allem kritisch mit sich selbst um, wenn es um die nötige Vorqualifikation geht. Aus einem guten Kommunikationsdesigner muss nicht zwangsläufig auch ein guter Multimedia-Fachmann werden, aber er hat ausgesprochen gute Chancen dafür.

Virtuelles Seminar „Electronic-Business"

Der Fachbereich Informatik der Universität Rostock hat bereits Erfahrungen mit virtuellen Lehrveranstaltungen gesammelt. Die Teilnehmenden benötigen weder einen Multimedia PC noch Zusatzeinrichtungen für Videokonferenzen. Ein einfacher Computer mit Internet-Anschluss genügt. Bereits durchgeführt wurden Online-Kurse zu den Themen „Teleworking", „Computer Based Training" und „Praktikum für Informatik Trainer". Aktuellstes Angebot des Lehrstuhls Informations- und Kommunikationsdienste ist das Seminar „E-Business": **http://www.uni-rostock.de**

Tele-Akademie der FH Furtwangen

Noch ein kostenloses Schnupperangebot zum Einstieg ins Internet: **http://www.tele-ak.fh-furtwangen.de**. Als eine der ersten Hochschulen mit einem WBT-Angebot bietet sie bewährte Kurse in verschiedenen Programmiersprachen, in neuen Lerntechnologien und in Multimedia-Anwendungen. Die von Dozenten und Tutoren sehr gut betreuten Kurse gelten unter Online-Studenten als Spitzenprodukte unter deutschen Online-Seminaren. Eine Teilnehmerin ist ja bereits auf Seite 18 zu Wort gekommen. Wie Sabine Röltgen sind auch andere Online-Absolventen begeistert von der fachlichen Kompetenz und der menschlichen Komponente des Furtwanger Angebots.

Akademie.de

Auch unter **http://www.akademie.de** können Sie kostenlos einen Crashkurs Internet belegen oder Ihr bisheriges Wissen zum Thema Internet überprüfen. Darüber hinaus bietet die Internet-Akademie Materialien und Kurse zu folgenden Themen an:

- Dreamweaver: Grundlagen / Layout gestalten / Neuerungen
- Stellensuche & Bewerbung im Internet
- HTML: Grundlagen, Tabellen, Layout, Frames
- WAP – das mobile Internet
- MP3 – Musik im Internet
- Web-Marketing
- Online-Recht
- sowie einige weitere Kurse, die Wissen im Bereich der neuen Medien vermitteln.

Ein Teil davon ist kostenlos und offen für jedermann, ein Teil nur für eingeschriebene Mitglieder der Akademie.de und kostenlos nur für kleine und mittlere Unternehmen, Selbstständige und Existenzgründer. Alle anderen sind für 57,– DM im Monat auch bei diesen Kursen mit dabei.

Die Website hält aktuelle Tipps und Tricks bereit, offeriert Bücher zum Selbstlernen, ein Netlexikon, das Newsboard und Workshops für Mitglieder.

Die Welt der IT-ler

Internet-Akademie

Unter **http://www.internet-academy.de** finden Interessierte Kursangebote zu Java und anderen Programmiersprachen. Die Kurse sind unterschiedlich umfangreich. Die Preise beginnen bei 89,90 DM.

ac@demy – Internet Training Institute AG

Online-Training in Kombination mit Computer-based Training zum Erlernen eines qualifizierten Umgangs mit modernen Software-Produkten wie Microsoft-Office, Novell und A+ – mit Abschlusszertifikat – gehören zum Angebot des Reutlinger Trainings-Instituts. Eine Einbindung der E-Trainings ins Intranet von Unternehmen zur Schulung von mehreren Mitarbeitenden gleichzeitig ist möglich: **http://www.ac@demy.de**

Element K

Die US-amerikanische Internet-Akademie Element K hält ein umfangreiches Angebot an englischsprachigen Computer-Kursen bereit, sowohl für den „Hausgebrauch" als auch für Profis. Im Angebot sind auch Kurse, die Grundkenntnisse in „gestrigen" Betriebssystemen vermitteln, wie DOS, Windows 3.1 oder Windows 95. Das hilft jenen Personen weiter, die sich zunächst mit einem älteren Computer arrangieren müssen. Selbstverständlich können über Element K aber auch solche Weiterbildungskurse online belegt werden, die den Umgang mit moderner Software und aktuellen Programmiersprachen lehren. Am besten, Sie blättern selbst im „Course Catalog"; und versäumen Sie nicht, in den „Element K Student Comments" zu schmökern: **http://www.elementk.com**

Klicken Sie sich klug

HP Education – E-Learning

Ausgesprochen praxisorientierte Online-Lernprogramme, entwickelt für die Mitarbeiter der Geschäftskunden, bietet Hewlett Packard allen Nutzern von HP-Technologie an: **http://www.hewlett-packard.de/hpeducation/elearning**. Im virtuellen Klassenzimmer von HP treffen sich die Mitarbeitenden verschiedener Geschäftspartner und Kunden und nehmen gemeinsam an Verkaufs- oder Endanwender-Schulungen teil, an Produkteinführungen, Managementseminaren oder Fortbildungskursen zu verschiedenen IT-Themen. Erfahrene HP-Experten stehen im IT Resource Center beratend zur Seite und stellen ihr Wissen über – zum Beispiel – UNIX, Java, Microsoft, HP OpenView oder Linux zur Verfügung und helfen, maßgeschneiderte Trainings und Seminare für Ihr Unternehmen zu entwickeln und anzubieten.

Point

Eine Ausbildung zum Web-Master in elf Stufen und einen Einstiegskurs für Web-Publishing für jeweils 450,– DM offeriert Point unter **http://www.ipoint.de**

Ziff Davis University

Lernen in Newsgroups, vierwöchige Kurse zu Programmiersprachen, Netzmanagement und gängiger Software – auch für Anfänger – gehören zum Angebot der Privatuniversität, die unter **http://www.zdu.com** zu finden ist.

Bit-Schulungscenter

Über die URL **http://bit-online.com/biton/telelearning** erreichen Sie das Online-Angebot des Schulungscenters: Kurse für Adobe Photoshop, Windows, PowerPoint, Excel u. a.

Online-Weiterbildung für Mediziner

Ärztliches und pflegerisches Personal wird seit Jahren mit elektronisch gestützten Lernprogrammen weitergebildet – am Arbeitsplatz oder über Weiterbildungsseminare, die einschlägige Institute oder auch die Pharmaindustrie anbieten. Der Anteil an WBT wächst. Über die genannten Lernplattformen angeboten werden unter anderen auch die folgenden Beispiele.

Alumni.med.Live

Für Absolventen des Medizinstudiums aus aller Welt hat die „Virtuelle medizinische Fakultät" der Universität Heidelberg ein Projekt „Alumni.med.Live" **(http://www.zuv.uni-heidelberg.de/d2/abt22/alumni/med/index.htm)** gestartet: ein inhaltlich vollständiges, sich aktualisierendes Mediziner-Weiterbildungsangebot im Internet. Es soll überwiegend den Studenten aus Entwicklungsländern nützen und helfen, „die wissenschaftlichen, kulturellen und persönlichen Bindungen der ehemaligen Studenten an die deutschen Universitäten zu entwickeln und zu festigen".

US-amerikanische Online-Seminare in Health Care

MindEdge, das Portal zu den Online-Kursen der US-amerikanischen Internet-Universität, listet eine ganze Reihe von Virtuellen Seminaren für Mediziner und im Gesundheitswesen tätigen Personen auf: **http://www.mindedge.com**. Einige davon sind konkret auf die amerikanischen Verhältnisse zugeschnitten, kommen also für Praktiker im deutschen Gesundheitswesen eher nicht in Frage.

Innovative Verfahren der Zahnheilkunde

Kein übliches Seminar, sondern ein Informationspaket mit Übungsteilen stellt dieses ganz neue, als „Springer Expertensystem" betiteltes Programm dar. Es ist über das Portal von Global-Learning im

Klicken Sie sich klug

Katalog zu finden: **http://www.global-learning.com**. Namhafte Vertreter der Zahnmedizin stellen ihren Kollegen mit diesem System ihre Fachkompetenz und ihr Praxis-Know-how zur Verfügung. Interessierte Zahnmediziner können sich die einzelnen Kapitel im PDF-Format herunterladen. Einige Kapitel sind gratis, die übrigen kosten 2,70 DM pro Kapitel. Sie erhalten so

- komplette Bildserien und aktuelle Fallbeispiele zu allen innovativen Therapieverfahren
- Step-by-Step-Anleitungen für alle Techniken und klinischen Anwendungen sowie
- Problemlösungsstrategien, Wege zur optimalen Versorgung und Empfehlungen bezüglich des zeitlichen Behandlungsablaufs.

Wissen fürs Business

Neben den zahlreichen Angeboten an E-Training im Bereich der Informations- und Telekommunikationstechniken bilden die E-Trainings im Bereich Personalentwicklung und Unternehmensführung die zweite große Gruppe. Bei den Online-Angeboten beider Themenkreise spielt sicherlich eine Rolle, dass hier schon seit Jahren für die Wirtschaft Programme entwickelt werden und das inzwischen angesammelte Wissen nun auch für Angebote auf dem freien Markt eingesetzt wird.

Virtual Management Akademie

Unter dem Markennamen „Cabs" bietet diese virtuelle private Akademie ein modulares Weiterbildungssystem für Führungskräfte und den Führungsnachwuchs an. Es unterstützt Sie in folgenden Bereichen:

Wissen fürs Business

- Aufbau von angewandtem Wissen der Betriebswirtschafts- und Managementlehre
- Aufbau und Vertiefung erlebter Managementerfahrung
- Aufbau von praxisorientiertem, generalistischem Fachwissen
- Aufbau von Entscheidungskompetenz
- Aufbau von Handlungskompetenz
- Vermittlung des erlebten, kontinuierlichen Verbesserungsprozesses
- Staatlich geprüfte und zugelassene Zertifizierung

Voraussetzung ist allerdings der vorherige Erwerb einer bestimmten Software: der Cabs.Basistechnologie. Sie wird in unterschiedlichen Leistungspaketen angeboten. Individuellen Nutzern wird für das Einstiegspaket eine Lizenzgebühr von 99,– DM abverlangt. Firmen müssen mehr bezahlen. Es gibt eine Test-CD-Rom, die Ihnen zwei Wochen kostenlos zur Verfügung steht. Entscheiden Sie sich für das Lernpaket, dann haben Sie Zugang zu den Kursen „Einarbeitung" und „Trainee" mit insgesamt zwölf Lernmodulen. Weitere Lernmodule und die Zertifizierungen werden nach Bedarf kostenpflichtig freigeschaltet. Gelernt wird offline. Die Kommunikation erfolgt online.

Nur lizenzierte Anwender haben Zutritt zur Akademie. Die Test-CD wird über die Website der Akademie: **http://www.cabs.de** geordert, weitere Kurs- und Zertifizierungsmodule werden aus der Software heraus freigeschaltet. Die Teilnehmer werden nach Test- und Simulationsergebnissen, die online übermittelt werden, bewertet. Die Zertifizierung erfolgt in fünf Leistungsstufen – gegen eine Bearbeitungsgebühr von 100,– DM pro Zertifikat. Cabs verfügt über das Prüfsiegel der Staatlichen Zentralstelle für Fernunterricht (ZFU) und gilt damit als anerkannte Telelearning-Weiterbildung mit staatlich autorisiertem Abschluss. Absolvieren Sie alle

Klicken Sie sich klug

Cabs-Kurse, erhalten Sie das Virtual Management Diplom. Es ist, laut Anbieter, „im Mittelpunkt eines Dreiecks aus dem Vordiplom ABWL, einem MBA und einem Kaufmannsgehilfenbrief" positioniert und besonders interessant für Management-Quereinsteiger, kaufmännische Angestellte und Akademiker ohne betriebswirtschaftliche Ausbildung.

Ein anerkanntes und autorisiertes Lehrgangszeugnis der Virtual Management Akademie für die erfolgreiche Teilnahme an einem Cabs-Kurs oder das Virtual Management Diplom können auch von der Akademie und einem Unternehmen, also Ihrem derzeitigen Arbeitgeber, gemeinsam ausgestellt werden – das bringt Vorteile bei künftigen Bewerbungen, weil es theoretisches und praktisches Wissen authentisch dokumentiert.

Seitens der Akademie gibt es keine Vorbildungsvoraussetzungen. Allerdings empfehlen die Anbieter das Abitur oder einen Kaufmannsgehilfenbrief sowie Basiskenntnisse im Bereich IT. Interessenten können ihren Wissensstand mit dem BWL-Einstufungstest überprüfen lassen.

Cornelia-Lernprogramm

Der Frauenname ziert ein Telelernprogramm „Volkswirtschaftliche Grundbegriffe" der Beruflichen Fortbildungszentren der Bayerischen Arbeitgeberverbände. Das einfache, textorientierte Lernprogramm wurde für Betriebe entwickelt. Die Kosten richten sich je nach Anzahl der teilnehmenden Mitarbeiter/-innen: **http://www.cornelia.bfz.de**

Projektmanagement

Über „global-learning" **(http://www.global-learning.de)** und die Rubrik „Wirtschaft & Business" kommen Interessenten zu dem Kursangebot von LERNEFFEKT, dem Online-Bereich der A/H/R Beratergruppe in Pinneberg.

Der hier ausgewählte Kurs wendet sich an Projektleiter und solche Personen, die in Projekten als Auftraggeber, als Controller oder als Qualitätsexperten fungieren. Der Kurs läuft über sechs Wochen und beginnt mit einem Präsenzseminar. Kosten: 740,– DM plus Mehrwertsteuer. Die Schwerpunktthemen sind:

- Projekte und Projektmanagement – was ist das?
- Projektinitialisierung
- Projektabgrenzung
- Projektplanung
- Projektsteuerung
- Projektabschluss

Knowledge Management

Die Bedeutung modernen Wissensmanagements ist im ersten Kapitel dieses Buches bereits hervorgehoben worden. Dieses Online-Seminar der TÜV-Akademie **(http://www.global-learning.de/g-learn/providers/netyoucation)** will Sie darin unterstützen, Wissen in Ihrem Unternehmen besser zu erkennen und wertschöpfend zu nützen. Sie werden konfrontiert mit Methoden, Tools und Techniken, die Knowledge Management unterstützen, und erfahren, wie sie produktiv damit umgehen. Der Preis: 1 799,36 DM oder 920,– EURO.

Weitere Online-Angebote der Münchener TÜV-Akademie:

- Quality Function Deployment – QFD
- Fehler-Möglichkeits- und Einflussanalyse – FMEA
- Kundenorientiertes Prozessmanagement und
- Online-Instructor

Klicken Sie sich klug

Unternehmensführung

Auch im Bereich der Managementtrainings gelten die Kurse der Tele-Akademie – **http://www.tele-akademie.fh-furtwangen.de** – als gute Wahl. Neu im Programm ist ein Web-based Training zum Thema „Interne Unternehmensrechnung". Der Kurs richtet sich vor allem an Führungskräfte und Existenzgründer, die betriebswirtschaftliches Rechnen (neu) einführen müssen, insbesondere auch an Verantwortliche in Non-Profit-Organisationen, für die kaufmännisches Zahlenwerk bisher noch Neuland darstellt. Teilnehmende müssen einen wöchentlichen Zeitaufwand von vier bis fünf Stunden und Kosten von 1 400,– DM einkalkulieren.

Business Economics

Unter den knapp dreißig Online-Kursen für Führungskräfte kleiner Unternehmen, die über die Plattform von MindEdge.com angeboten werden, ist dieses Beispiel der Keller Graduate School of Management. Für 1 440,– $ können sich beispielsweise Existenzgründer mit einer nicht betriebswirtschaftlichen Ausbildung ein solides Grundwissen aneignen: **http://online.keller.edu**

Managerial Leadership

SUNY-Empire, das Fernlehrinstitut des Empire State Colleges, hat ein umfangreiches Angebot in Online-Managementkursen, die auch immer alle sehr schnell ausgebucht sind. Projektmanagement und Change-Management gehören zu den besonders beliebten Kursen. Spezialisierungen im Bereich der Justiz und der Medizin zeichnen einige Management-Weiterbildungsangebote des Colleges **(http://sln.suny.edu/sln)** noch zusätzlich aus. Der hier ausgewählte Leadership-Kurs kostet 1 384,– $ für Teilnehmer außerhalb der Vereinigten Staaten und ist vor allem für Nachwuchsführungskräfte gedacht, die sich über Führungsstile, Führungsverhalten, die Möglichkeiten und Verantwortlichkeiten in einer Führungsposition weiterbilden möchten.

Teambildung und Teamentwicklung

Das US-amerikanische Bildungsinstitut Element K hat neben seinem umfangreichen Online-Kursangebot zu EDV-Themen auch eine ganze Reihe von „Business and Management Skill Courses". Darunter sind auch mehrere Online-Lektionen zur Erweiterung Ihres Wissens im Aufbau und Umgang mit Teams aus der Harvard Manage Mentor-Serie:

- Keeping Teams on Target
- Leading a Team
- Leading and Motivating
- Working with an Virtual Team

Gerade das letzte Thema, die Arbeit in und mit einem virtuellen Team, gewinnt auch bei uns enorm an Bedeutung, denn immer häufiger werden Aufträge von Teams bearbeitet werden, die nicht an ein und demselben Ort und oft auch nicht für einen gemeinsamen Arbeitgeber tätig sind, sondern sich nur für ein ganz bestimmtes Projekt zusammen tun. Element K finden Sie unter **http://www.elementk.com**

Geisteswissenschaften und Schöngeistiges

E-Training im Bereich der Geisteswissenschaften, und insbesondere Web-based Training, wird überwiegend an Universitäten und Akademien, an Pädagogischen Hochschulen, staatlichen Akademien und vor allem im Bereich der Psychologischen Fakultäten und Institute entwickelt und im Rahmen von Studiengängen oder Akademieprogrammen eingesetzt. Juristische, politische, psychologische oder philosophische Lern-Software und „Schöngeistiges" und Kulturelles sind vor allem auf CD-Rom zu bekommen; manche werden im Internet fälschlicherweise als „Online-Kurs" angepriesen, sind aber reinstes CBT. Die wirklichen Online-Seminare kommen als Angebote meist von Einrichtungen im Ausland. Außerordentlich umfangreich dagegen ist die Angebotspalette an traditionellen Fernlehrgängen im Bereich der Geisteswissenschaften. Ein Blick in den „Ratgeber für Fernunterricht" der Staatlichen Zentralstelle für Fernunterricht (ZU) sei hier empfohlen. Fragen Sie beim Anbieter eines Kurses, für den Sie sich interessieren nach, ob es auch ein Online-Angebot gibt.

Grundkurs Politik Online

Gemeinsam mit der Landeszentrale für politische Bildung Baden-Württemberg testet die Tele-Akademie der Fachhochschule Furtwangen einen Basiskurs in Politik. Während der Pilotphase ist die Teilnahme gebührenfrei. Im Herbst 2000 soll der Nachfolgekurs starten, der dann allerdings nur gegen eine Teilnahmegebühr absolviert werden kann.

Sechs Monate dauert diese Online-Weiterbildung, die folgende Themen umfasst: Bürger, Politiker, Gemeinde, Deutschland, Europa, Massenmedien, Marktwirtschaft, Arbeit, Sozialstaat. Die Lerntexte, Übungen und Aufgaben werden in Form von Studienbriefen über das Internet zur Verfügung gestellt und von den Kursteilnehmern selbstständig bearbeitet. Die Tutoren geben anschließend Rückmeldungen über den Lernfortschritt via E-Mail.

Der genaue Termin über den nächsten Kursbeginn wird über die Internet-Adresse der Tele-Akademie: **http://www.tele-ak.fh-furtwangen.de** und über die Website der Landeszentrale: **http://www.lpb.bwue.de** bekannt gegeben.

Online Course „Literatur for Children"

Dieses virtuelle Seminar über Kinder- und Jugendliteratur der Connecticut State University umfasst die Kapitel Folklore, Lyrik, Fiktion und Realismus: **http:www.ed-x.com**

Virtuelle Sonderzüge für Frauen

Nach anfänglichem Zögern holen die Frauen als Internet-Nutzerinnen mächtig auf. Angeleitet von sehr engagierten Pionierinnen gewinnen sie mehr und mehr Spaß an der internationalen Vernetzung und nutzen viele E-Angebote. Seminare nur für Frauen gibt es schon seit langem. Und auch bei den Online-Angeboten sind einige, die ausschließlich weibliche Kursteilnehmerinnen akzeptieren. Curriculum und Methodik sind ausgerichtet auf frauenspezifische Belange.

Internationale Elektronische Frauenuniversität (WIEU)

„Wir unterstützen das Lernen und andere Denken von Frauen" steht in großen Buchstaben als Motto auf der Website dieser internationalen Virtuellen Bildungseinrichtung von Frauen für Frauen. Insiderinnen wissen, was mit „Das andere Denken" gemeint ist, spätestens seit Erscheinen des gleichnamigen Buches Anfang der neunziger Jahre.

Ihre Kursanbieterinnen, zumeist Professorinnen oder Dozentinnen US-amerikanischer Universitäten, aber auch solche aus anderen Ländern, bezeichnet die WIEU als Mentorinnen. Diese Frauen engagieren sich insbesondere für die Aus- und Weiterbildung von Frauen in den so genannten Schwellenländern. Dort, wo Bildung für Frauen noch längst nicht selbstverständlich ist. Im Vordergrund stehen dabei EDV-Kurse und Multimedia-Anwendungen, die es den Absolventinnen erleichtern, bezahlte Arbeit zu finden. Sie sind

Klicken Sie sich klug

durch die WIEU Zentralstelle für Frauen überall auf der Welt zugänglich. Das aktuellste Beispiel auf der Ende 1999 letztmals aktualisierten Homepage:

- Einführung zu JavaScript
- Einführung zu DHTML
- Photoshop 5.0 für das Web

Die Kurse können einzeln belegt werden. Nach Absolvierung aller drei Kurse bekommen die Teilnehmerinnen ein Zertifikat als Web-Designerin. Die Kursgebühren sind für WIEU-Studentinnen durch eine Spende der Digital University ermäßigt.

Angeboten werden Weiterbildungen in den Bereichen

- Technische Fähigkeiten
- Akademische Kurse
- Lebensfragen
- Weiterbildung
- Weltwissen

Die frauenspezifische Ausrichtung durchzieht alle Kursangebote, egal, ob es um die „Einführung in das Internet für Frauen" geht, um „Verständnis für Überlebende: Probleme und Auswirkungen von Missbrauch" oder das „Theologieseminar: Geschlecht und Identität".

Jede Kursausschreibung enthält genaue Angaben über die Inhalte und die Voraussetzungen, auch die technischen, sowie die Kosten. Die Übersetzung ins Deutsche auf der German-Site ist nicht immer die Beste, aber klar verständlich.

Virtuelle Sonderzüge für Frauen

Beispiel:

Beim Kurs „W011: Frauen und Technologie" wird die feministische Sichtweise deutlich:

Der Kurs soll eine Einführung zu den neuen Themenkreisen in der Forschung um Frauen und Technologie darstellen. Wir erforschen die Auswirkungen dessen, wie wir Technologie benutzen, wofür sie geeignet ist, ob bestimmte Technologien von Vorteil für Frauen sind und wer Zugang zu Technologie hat. Der Kurs soll einige herausfordernde Debatten einführen und beleuchten, weshalb diese Anliegen nicht nur für Frauen, sondern für die gesamte Gesellschaft von Wichtigkeit sind.

Struktur: Acht Module in zwölf Wochen.

Voraussetzungen: Sehr gute Lesekenntnisse. Zugang zu einem Computer mit Webbrowser und E-mail.

Sprache: Englisch

Gebühren: 50,– $

Typ: Ohne Schein, Erwachsenenerziehung, Zertifikat (d. h. es gibt drei Abschlüsse und damit verschiedene Arbeitspensen)

Studienplätze: Zehn

Kursbeginn: 11. 10. 1999

Mentorinnen: Kim Cordingly und Cheryl Taylor

Kontakt: ctaylo12@wvu.edu oder kcording@wvu.edu

Homepage: www.as.wvu.edu/wotech

Klicken Sie sich klug

FrauenTechnikZentrum – DFR e. V.

Das FTZ ist eine gemeinnützige Weiterbildungseinrichtung für Frauen. Es bietet EDV-Fortbildungen – Basiswissen und Mediennutzung – an sowie Umschulungen auf verschiedenen Niveaus und mit unterschiedlicher Kurslänge.

Das Lernarrangement sieht zum Beispiel so aus:

- Pro angebotenem Modul zwei dreiwöchige Selbstlernphasen am Arbeitsplatz
- Telelernzeit am Arbeitsplatz: drei Stunden pro Woche
- Eintägige Präsenzveranstaltungen zu Beginn eines Moduls, in der Mitte und am Ende im FTZ in Hamburg
- Aufgaben, Lern- und Informationsmaterial werden während der Telelernphasen per E-Mail oder über das WWW zur Verfügung gestellt
- Individuelle Online-Betreuung durch Dozentinnen per E-Mail, Telefon und Online-Konferenzen (zweimal pro Woche je zwei Stunden)

Über die Homepage **http://www.ftz.de** erfahren Sie mehr über die Initiatorinnen, die im Rahmen eines NOW-Projektes mit Partnerinnen in Europa eng zusammenarbeiten. Sie werden über das Konzept, das hinter dem Angebot steckt, informiert, welche Kurse angeboten werden und wer die Teilnehmerinnen sind. Ein Link führt zu anderen frauenfreundlichen Orten im WWW, ein anderer öffnet den Blick auf „Frauen & Computer weltweit".

Leadership Skills for Women

Dieses brandneue Online-Seminar des US-amerikanischen Vcampus Learning Center kann über die Website von MindEdge.com gebucht werden. Es wird laufend angeboten, Interessentinnen sind also nicht an fixe Termine gebunden, wenn sie sich über die besonderen Fähigkeiten, die modernen Führungskräften abverlangt werden, kundig machen. Das frauenspezifisch aufbereitete Kursmaterial ist für 19,– $ erhältlich. Mit seiner Hilfe erkennen Frauen ihre eigenen Führungstalente leichter und werden mutiger, in ihre Aktionen die individuellen weiblichen Stärken einzubauen – beruflich und privat: **http://www.vclearning.com** oder **http://www.mindedge.com**

Women's Business Center

Im „Management-Institute" des US-amerikanischen Women's Business Center erfahren der weibliche Führungsnachwuchs und Existenzgründerinnen, was eine gute Chefin auszeichnet. Die Seiten können kostenlos heruntergeladen werden. Zahlreiche Links auf der Frontseite der Website führen zu weiteren interessanten Informationen und Geschäftskontakten. Im Live-Chat-Room können Sie sich mit anderen Geschäftsfrauen über aktuelle Themen austauschen, wie „Mentoring", „Shareholder Value" oder „Knowledge Management": **http://www.onlinewbc.org**

Wenn Sie sich speziell für frauenspezifische Kursangebote in den USA interessieren, können Sie auch über die Website von WWWomen.com **(http://www.wwwomen.com)** in verschiedene Foren eintreten oder sich über die Linksammlung direkt auf die Suche machen.

Online-Mentorinnen an Hochschulen

Die Landeskonferenz der Frauenbeauftragten an den baden-württembergischen Fachhochschulen wollen Frauen online ermutigen, auf Lehrstühle zu klettern. Auf ihrer Website **http://www.gleichstellung-fh-bw.fh-nuertingen.de** finden die Interessentinnen einen „Leitfaden Promotion", Förderprogramme sowie virtuelle Mentorinnen, die via E-Mail Fragen beantworten und Tipps geben.

Hinter dem Button „News" verstecken sich auch Jobangebote. Ähnliche Angebote werden auch in anderen Bundesländern ausgearbeitet.

Bibliotheken und Nachschlagewerke

Eine ganze Reihe von Online-Bibliotheken und Link-Sammlungen helfen Ihnen weiter, wenn Sie Antworten auf Fragen finden müssen oder Erklärungen suchen oder auch einfach nur neugierig sind, was sich hinter einem bestimmten Thema alles so verbirgt. Alle großen Suchmaschinen und Meta-Suchmaschinen helfen Ihnen hier weiter. So listet beispielsweise Web.de in der Rubrik Wissenschaften auf der Suche nach deutschsprachigen Websites unter dem Stichwort Online-Bibliotheken allein 588 Sites auf; weltweit sind es gar 102 228 unter „Online-Library". Beim Surfen im Cyberspace werden Sie darüber hinaus auch immer wieder selbst auf Online-Archive, -Bibliotheken und -Nachschlagewerke treffen. Hier deshalb nur eine kleine Auswahl.

Link-Plattform des Springer-Verlags

Springer in Berlin und Heidelberg ist einer der weltweit größten wissenschaftlichen Verlage. Über seine Link-Plattform können Sie an Informationen aus über 400 Wissenschaftsjournalen, zahllosen Büchern, Nachschlagewerken und Datensammlungen kommen. Zum Teil werden sie auch über den Global-Learning-Dienst der Deutschen Telekom angeboten: **http://www.global-learning. de/g-learn/providers/springer**

Youngnet.de

Portal zu acht wichtigen Online-Bibliotheken, die insgesamt eine enorme Wissensressource darstellen. Die Seite ist vor allem für Studenten generiert worden, die mit ihrer Hilfe die wichtigen Literatur-Recherchen leichter bewältigen: **http://www.youngnet.de/03/06/archiv/00600/index.htm**

Deutschland Business Links

Unter **http://www.bizlinks.de** hat Akademie.de zahlreiche Links aufgeführt, die vor allem kleinen Unternehmen und Existenzgründern weiterhelfen können. Darunter sind auch Newsgroups, Online-Medienverzeichnisse, Mailing-Listen und Web-Verzeichnisse.

Internet Bibliographie Wirtschaftsinformatik

Die Niedersächsische Staats- und Universitätsbibliothek Göttingen hat ihre Link-Sammlung zum Thema Wirtschaftsinformatik unter **http://www.sub.uni-goettingen.de/ebene_1/wiwi/iwalcd00.htm** im Web veröffentlicht.

Online-Wörterbücher

Eine umfangreiche Sammlung von Online-Wörterbüchern, Übersetzungsdiensten und Sprachtrainern hält die Rivendell-Website bereit unter **http://rivendel.com**

Graceland University Library

Ein Portal zu vielen international renommierten Bibliotheken, darunter auch die Encyclopedia Britannica Online, hat die Graceland University eingerichtet unter **http://www.2.graceland.edu/library/index.html**

Klicken Sie sich klug

World Bank Publications

Alle wichtigen Veröffentlichungen der Weltbank können Sie unter **http://www.worldbank.org/html/extbp/digitalibrary/htm** nachlesen.

Online Library of the Naval Historical Center

Es gibt so gut wie nichts, was nicht bereits in irgend einer Online-Bibliothek im Internet steckt. Für die Fans von maritimem Kriegsgerät hat die US-Navy ihre „Online Library of Selected Images" eingestellt – mit Kurzbeschreibungen und Fotos von Kriegsschiffen, Schlachtszenen und Militärs des letzten Jahrhunderts: **http://www.history.navy.mil**

The Beatles Online Library

Und noch eine Link-Sammlung für Fans: diesmal für die der Beatles: **http://www.netins.net/showcase/reading/beatreads.html**. Hier finden Sie Artikel, Interviews, Chartlisten und einige Videos aus drei Jahrzehnten mit den „Fabulous Four" aus Liverpool.

Wichtig zu wissen

7

Riesen-Wissensreservoir Lernsoftware 148

Auch Bildung lohnt den Preisvergleich 149

Anerkannte Weiterbildung oder
„just for fun"? 151

Qualitätskriterien: Busch-College
Frank Busch 152

Kleiner Einführungskurs ins Chatten .. 161

Messen als Informationsplattform ... 165

Ihre individuellen Favoriten 166

Ein wenig Statistik 167

Riesen-Wissensreservoir Lernsoftware

Auch wenn die Stimmen nicht verstummen, die Computer-based Training mit Hilfe einer CD-Rom und dem dazugehörenden papierenen Begleitmaterial als nicht mehr zeitgemäß abtun: Prüfen Sie bei jedem Thema, das Sie interessiert, ob es dazu vielleicht eine Lernsoftware gibt. In dieses Lernmedium ist weltweit enorm viel Wissen und Können im Umgang mit multimedialen Methoden und interaktiven Tools geflossen.

> **Profi-Tipp:**
> Nützen Sie diese Ressource vor allem, wenn Sie preisgünstig an eine qualitativ hochwertige Weiterbildung kommen wollen und sich und Ihre Lerngewohnheiten gut kennen. Wenn Sie die Einsamkeit des CD-Rom-Studiums nicht fürchten müssen, gibt es keinen Grund, nicht immer wieder auch mit Hilfe von Lernsoftware weiterzukommen.

Wie wäre es zum Beispiel mit einem Fahrtraining samt Verkehrstheorie im Vorfeld der Führerscheinprüfung? Ein solches wird von dem Schweizer Unternehmen Furrer & Partner auch für deutsche Fahrschüler angeboten. Oder wollen Sie lieber Fachmann oder Fachfrau in Sachen Esoterik werden und – zum Beispiel – für 19,95 DM lernen, wie man ein Tageshoroskop erstellt? Neben berufsfördernden Kursen gibt es nämlich auch solche in dem Heer von CD-Roms mit Lernsoftware.

Mehr als 2 000 Angebote von mehr als 60 Herstellern sind über das Portal des Deutschen Lernsoftware-Servers zu finden: **http://www.lernsoftware.de**. Bewerbungstraining ist hier ebenso vertreten, wie das von MENSA, der Vereinigung der Hochintelligenten, mitentwickelte Intelligenztraining „IQ 130", das, gegen eine Gebühr von 29,90 DM auf offizielle Tests vorbereiten hilft. Für knapp 100,– DM erhalten Sie ein „Train-the-Trainer"-Programm und ebenfalls nur 98,– DM kostet ein Grundkurs in Sachen Projektmanagement: „Projekte erfolgreich realisieren".

Klicken Sie sich einfach selbst einmal durch die verschiedenen Rubriken. Sie werden garantiert an mehr als einem Thema hängen bleiben!

Auch Bildung lohnt den Preisvergleich

Wie bei allen anderen Waren und Dienstleistungen auch, sollten Sie die Bildungsangebote sorgfältig auf Preiswürdigkeit hin prüfen. Verschiedene Faktoren spielen dabei sicherlich eine Rolle. Ein Beispiel soll dies verdeutlichen:

> **Beispiel:**
>
> Für das Aufbaustudium zum Master of Business Administration an einer amerikanischen Elite-Universität oder einer renommierten Business-School müssen Sie sehr viel höhere Studiengebühren bezahlen als an einer weniger bekannten Hochschule. Das gilt auch für das virtuelle Studium. Es sagt aber noch nicht unbedingt etwas über die jeweilige Qualität des Angebots aus. Ein MBA im virtuellen Studium an der Southern Queensland University kostet rund doppelt so viel wie ein MBA an der Robert Kennedy University. Im Durchschnitt müssen Sie mit 10 000,– DM pro Studienjahr rechnen.

Dasselbe gilt für Online-Kurse. Projektmanagement online gibt es bereits für unter 100,– DM auf CD-Rom. Anerkannte Online-Fernkurse für um die 400,– DM sind zum Teil nicht schlechter als solche für 1 000,– $.

Wichtig: Schauen Sie sich deshalb die Curricula und den Service rund um den Kurs sehr genau an. Oft kommen die viel höheren

Wichtig zu wissen

Gebühren dadurch zustande, dass Sie sehr aufwendig von einem Dozenten oder Tutor betreut werden und eine Vielzahl von Übungs- und Kommunikationsmöglichkeiten inbegriffen sind. Einige Angebote enthalten auch die notwendige Software zum Herunterladen.

> **Profi-Tipp:**
>
> Erkundigen Sie sich auch über die Telefongebühren, die Ihnen durch die Online-Phasen entstehen. Eventuell lohnt sich eine Flatrate, eine Internet-Verbindung mit fester monatlicher Kostenpauschale – egal, ob Sie nur zwei Stunden täglich oder 24 Stunden im Netz surfen.

Bei einigen Kursangeboten werden die durchschnittlichen Lernzeiten – offline und online – angegeben, so dass Sie sich selbst ausrechnen können, mit welchen Zusatzkosten Sie rechnen müssen. Wenn Sie keine Angaben zum Zeitaufwand finden, können Sie sich meist über E-Mail entweder beim Dozenten oder bei Teilnehmenden danach erkundigen.

Sie kennen sicher die verbreitete Meinung: „Was nichts kostet, ist nichts wert." Wie viele Pauschalurteile trifft auch dieses nicht immer zu. Im Web sind viele Informationen und Angebote kostenlos – auch viele Online-Seminare, Einführungskurse oder Einstufungstests. Insbesondere Computerkurse werden, so sie veraltete technische Inhalte behandeln, gerne als Freeware angeboten. Sie können mit kostenlosem E-Training im Web sowohl gute als auch schlechte Erfahrungen sammeln. Wenn es schlechte sind, kann es einerseits an der mangelnden Interaktion, der dürftigen Multimedia-Qualität, der schlechten Benutzerführung, veraltetem oder nur oberflächlichem Inhalt oder sonstigen Mängeln seitens des Lernprogramms liegen. Oder aber es hat sich herausgestellt, dass Sie mit diesem Lernmedium – noch – nicht gut zurecht kommen.

> **Profi-Tipp:**
>
> Hier sollten Sie eine Möglichkeit suchen, sich mit Dozenten einer anerkannten Online-Akademie (beispielsweise der Tele-Akademie der FH Furtwangen) oder über ein Portal wie Global-Learning der Deutschen Telekom und mit Absolventen eines Online-Seminars über E-Mail oder auch telefonisch unterhalten. Sie bekommen mit Hilfe von Experten sehr viel besser heraus, warum Ihre ersten Erfahrungen mit einem netzgestützten Lernprogramm nicht gut waren.

Beziehen Sie bei Ihren Überlegungen auch die Hinweise und Empfehlungen der Staatlichen Zentralstelle für Fernunterricht (ZFU) und des Bildungsinstituts für Berufsbildung (BIBB) zu den Kosten und den Fördermöglichkeiten von Fernlehrgängen mit ein.

Anerkannte Weiterbildung oder „just for fun"?

Wenn Ihr E-Training zur Weiterqualifizierung gedacht ist und nicht ausschließlich Ihrem Hobby dient, dann ist es wichtig, dass die Maßnahme mit einem anerkannten Abschluss verbunden ist. Nur so hat sie in Ihren Bewerbungsunterlagen oder im Mitarbeitergespräch den entsprechenden Wert.

In Deutschland müssen alle allgemein- und berufsbildenden Fernlehrgänge, die auf vertraglicher Basis angeboten werden, von der Staatlichen Zentralstelle für Fernunterricht (ZFU) zugelassen werden. Damit verbunden ist die vorherige Qualitätsüberprüfung durch dieses Institut.

Achtung: Bei nicht zertifizierten Kursen sollten Sie sich aber immer eine Teilnahmebestätigung mit detailliert aufgeführten Kursinhalten aushändigen lassen – nicht virtuell, sondern „mit Brief und Siegel".

Wichtig zu wissen

So klar geregelt wie in Deutschland ist die Sache mit den Abschlüssen von Fernstudien und Fernlehrgängen ausländischer Anbieter leider nicht.

Wichtig: Bei einer größeren Weiterbildungsmaßnahme, wie etwa einem Aufbaustudium oder einem mehrsemestrigen Managementkurs, sollten Sie sich vorher schlau machen, was der damit verbundene Graduierten-Titel oder das Diplom hinterher wirklich wert ist.

Qualitätskriterien: Busch-College Frank Busch

Die Qualität von Netz-Lernangeboten wird sicherlich oft unterschiedlich wahrgenommen. Für den einen ist eine gute Betreuung das wichtigste Kriterium, für den anderen ist ein hochkarätiger Inhalt entscheidend.

Wie Sie die unterschiedlichen Aspekte von Qualität gewichten, bleibt Ihnen überlassen. Die folgenden Punkte sind Anregungen, möglichst viele dieser Aspekte zu berücksichtigen:

Allgemeines Verhalten

Für einen ersten generellen Eindruck eines Anbieters kann man sich ruhig an das äußere Erscheinungsbild halten. Dabei ist weniger wichtig, ob die Homepage des Kursanbieters besonders professionell und aufwendig gestaltet ist.

Entscheidender ist, inwiefern das äußere Erscheinungsbild Rückschlüsse auf das Geschäftsgebaren der Firma zulässt. Einige Fragen, die Sie sich stellen können:

- Wie sind Sie auf den Anbieter aufmerksam geworden?
- Durch eine persönliche Empfehlung?

- Oder durch eine Serien-Mail, die mit gleichem Text möglicherweise an Tausende von E-Mail-Adressen gegangen ist?
- Junkmail, das elektronische Pendant zu ungefragter Briefkastenwerbung, ist im Internet verpönt.

Achtung: Ganz generell sind aggressive Werbemethoden oft ein Anzeichen dafür, dass es dem Bildungsanbieter an Feingefühl für Ihre ganz individuellen Bedürfnisse mangelt. Das muss nicht unbedingt so sein. Aber es ist gut, in einem solchen Fall nach weiteren Anzeichen zu suchen, die in diese Richtung deuten:

Werden unrealistische Versprechungen gemacht?

Online-Lernen bringt Ihnen Flexibilität. Das heißt aber nicht, dass sich das Lernen ganz von selbst erledigt. Es heißt auch nicht, dass sich der Zeitaufwand gegenüber Präsenzlernen in jedem Fall verringert. Auch eine Beschäftigungsgarantie oder ein Beförderungsversprechen sind unrealistisch.

Vertragsgestaltung

In der Regel werden Sie bei Netz-Lernangeboten nicht um irgendeine Art der Nutzungsvereinbarung herumkommen. Selbst bei der Recherche in Datenbanken müssen Sie sich oftmals mit Nutzungsbedingungen einverstanden erklären.

Profi-Tipp:

Seien Sie sich bewusst, dass Sie sich auf dem globalen Informationsmarkt noch weniger als bisher mit Knebelverträgen abfinden müssen. Ein anderer Anbieter findet sich meistens schnell.

Wichtig zu wissen

Checkliste: Wichtige Fragen zur Vertragsgestaltung

- Wie kann ich den Vertrag beenden?
- Was passiert, wenn Sie erkranken? Müssen Sie weiter Studiengebühren zahlen?
- Können Sie zur Not eine Ersatzperson stellen?
- Was ist, wenn ich mit dem Lernpensum in Verzug bin? Die meisten Firmen schreiben Ihnen einen Zeitraum vor, innerhalb dessen Sie das Kursziel erreicht haben müssen. In der Länge dieses Zeitraumes gibt es aber große Unterschiede.
- Wird ein Verzug kulant gehandhabt?
- Was kostet es, den Kurs über die zugestandene Zeitdauer hinaus zu verlängern?
- Lässt sich der Vertrag flexibel anpassen?

Achtung: Anbieter, die sich in der Vertragsgestaltung nicht flexibel auf ihre Kunden einstellen, sind möglicherweise auch in der Art der Vermittlung des Lernstoffes nicht in der Lage, möglichst individuell auf den Lernenden einzugehen.

Interaktivität und Vernetzung

Die Möglichkeit, sich mit anderen Kursteilnehmern auszutauschen, ist einer der wichtigsten Vorteile netzbasierten Lernens.

Gäbe es diese Möglichkeit nicht, wäre es für Sie günstiger, in den nächsten Computerladen zu gehen und sich ein Lernprogramm auf einer CD-Rom zu besorgen. Im Grad der Interaktivität und in der Art der Netzarbeit gibt es Unterschiede.

> **Checkliste: Wichtige Fragen zur Interaktivität**
>
> - Wie trete ich mit anderen in Verbindung?
> - Welche Kommunikationswege sind für den Informationsaustausch mit anderen Kursteilnehmern beziehungsweise mit dem Lehrpersonal vorgesehen?
> - Gibt es regelmäßige Konferenzen mit anderen Lernenden?
> - Wird nur per E-Mail oder Mailingliste geschrieben?
> - Oder gibt es eigene Programme, über die Informationen ausgetauscht werden?

Eigens für das Lernvorhaben hergestellte Programme oder fertige Anwendungen, die Arbeiten im Netzwerk zulassen, haben gegenüber den Standardmethoden große Vorteile.

Internet oder privates Netzwerk?

Verbindungen über das Internet werden immer langsamer. Der Boom im Netz und die Verwendung von immer mehr Grafik zwingt die Übertragungsraten in die Knie.

> **Profi-Tipp:**
>
> Ein wesentliches Kriterium kann es deshalb für Sie sein, wenn Online-Lernen bei einem Anbieter nicht über das Internet, sondern über ein privates Netzwerk (beispielsweise ein Extranet) läuft.
>
> Das bringt große Geschwindigkeitsvorteile, die bei anspruchsvollen Anwendungen wichtig sein können.

Wichtig zu wissen

> **Checkliste: Wichtige Fragen zum Intranet**
>
> - Mit welchen Kosten ist der Zugang zu diesem Netz für Sie verbunden?
> - Welche weiteren Rahmenbedingungen gibt es?
> - Die Intensität der Interaktion kann stark variieren.
> - Manche Anbieter teilen Kursanfänger in virtuelle Klassen ein. Das kann für Sie Vorteile haben, kann Sie aber auch in Ihrer Flexibilität einschränken.
> - Fragen Sie sich, ob Rahmenbedingungen Sie beim Erreichen Ihres Lernziels eher behindern. Zum Beispiel gibt es im Universitätsbereich Anbieter, die von ihren Teilnehmern verlangen, dass sie sich täglich in das System einwählen.

Achtung: Erkundigen Sie sich vor Vertragsabschluss genau, damit Sie später keine Überraschungen erleben.

Referenzen

Wenn Sie sich über Bildungsangebote im Netz informieren, werden Sie erstaunt sein, wie lange einige Anbieter schon im Online-Geschäft sind. Aber nicht die Länge der Erfahrung oder die Anzahl der Teilnehmer sollten allein entscheidend für Sie sein. Daher ist die Frage interessant: Kann der Anbieter persönliche Referenzen angeben? Sie sind deswegen wichtig für Sie, weil Sie so abschätzen können, ob dieses spezielle Angebot für Ihre persönliche Situation passt. Sie erhalten wichtige Tipps zu Einzelheiten des Online-Programms.

Achtung: Seien Sie sich aber bewusst, dass man auch persönliche Empfehlungen kaufen kann. Stellen Sie deshalb immer möglichst konkrete Fragen, wenn Sie einen ehemaligen Absolventen befragen. Weniger wichtig ist zum Beispiel, wie gut ein Teilnehmer den

Lernstoff fand. Das kann sehr unterschiedlich sein. Wichtiger sind Fragen wie: Sind alle Ihre Anfragen beantwortet worden? In welcher Zeit? Oder: Sind Sie auf Grund des Kurses befördert worden, oder haben Sie eine Arbeitsstelle gefunden?

Kostenloser Probeunterricht

Was für den Präsenzunterricht bei seriösen Anbietern schon lange ein Standard ist, sollte auch für den Online-Unterricht selbstverständlich sein. Lassen Sie sich nicht darauf ein, die „Katze im Sack" zu kaufen. Ein Probeunterricht ist sinnvoll, nachdem Sie durch persönliche Referenzen einen groben Überblick über den Ablauf des Kurses gewonnen haben.

Checkliste: Wichtige Fragen zum Probeunterricht

- Lässt sich der Anbieter in die Karten schauen?
- Bekommen Sie einen guten Einblick in das Angebot und in den Alltag des Lernens?
- Gilt die Probezeit für ein Netzangebot für mehr als einen Tag?
- Erhalten Sie zu den vorhandenen Ressourcen umfassenden Zugang?

Betreuung

Eine gute Betreuung, neudeutsch Support, ist das Herzstück eines guten Netz-Lernangebotes. Sie kann den Unterschied ausmachen, warum Sie bei einem Angebot sehr motiviert lernen, bei einem anderen aber nach einiger Zeit aufhören. Eine gute Betreuung wird sich in der Regel im Preis bemerkbar machen. Es ist für Anbieter viel teurer, geschultes Personal einzusetzen, als die Betreuung durch ein automatisiertes System erledigen zu lassen. So können Sie gute Betreuung erkennen:

Wichtig zu wissen

> **Checkliste: Wichtige Fragen zur Betreuung**
>
> - Wie viele Betreuer sind für die Fachbetreuung wie vieler Schüler zuständig? Die Anzahl der Betreuer bestimmt die Zeit für die Beantwortung Ihrer Anfragen wesentlich: zu wenig Betreuer = zu wenig Zeit für den einzelnen Schüler.
>
> - Wie können die Betreuer erreicht werden? Die Erreichbarkeit über E-mail ist eine Mindestvoraussetzung. Besser ist es, wenn es persönliche Sprechstunden für Lernende gibt. Diese Sprechstunden sollten von pädagogischem Personal, nicht von Verwaltungsbetreuern abgehalten werden. Bei einer Universität sollten dies also die Professoren sein.
>
> - Achten Sie bei amerikanischen Anbietern darauf, dass diese Sprechstunden in Zeiten liegen, die nicht zu extrem für Sie sind. Einige späte Nächte werden sich aber wahrscheinlich nicht vermeiden lassen.
>
> - Sind die Betreuer kompetent? Von der fachliche Kompetenz Ihrer Betreuer werden Sie wahrscheinlich schnell einen Eindruck bekommen.
>
> - Wie aber sieht es mit der sozialen Kompetenz aus? Es reicht bei weitem nicht aus, nur den Stoff zu beherrschen. Feingefühl beim Umgang mit Lernenden ist gefragt. Gerade bei Anbietern aus dem Computerbereich gibt es auf diesem Gebiet manchmal Probleme.

Lerninhalte

Neben der Betreuung werden wahrscheinlich die Lerninhalte und die Art, wie sie vermittelt werden, eine entscheidende Rolle bei der Auswahl Ihres Anbieters spielen. Möglicherweise sind Sie überhaupt erst auf eine Firma aufmerksam geworden, weil Ihnen das Curriculum besonders gefiel. Achten Sie deshalb auf folgende Kriterien:

Qualitätskriterien: Busch-College Frank Busch

Curriculum

Wie detailliert ist das Curriculum? Eine Darstellung der Lerninhalte gehört zu den Basisanforderungen. Es gibt aber wesentliche Unterschiede, wie detailliert und präzise diese Lerninhalte dargestellt sind. Es ist ein Unterschied, ob eine „Einführung in die Funktionsweise von Netzwerken" angeboten wird oder differenziert wird in:

1. Die Netzwerkoberfläche einrichten,
2. Sicherheitssysteme erkennen,
3. Anwendersystemzugriff automatisieren usw.

Viele Anbieter halten das Curriculum gerne möglichst allgemein, weil es ihnen die Möglichkeit gibt, bestimmte Themen zu „strecken" oder auch sehr knapp zu behandeln, wenn die Zeit drängt.

Praxisnähe

Wie praxisnah sind die Inhalte? Die ausgewogene Verteilung von Theorie und Praxis ist ein Dauerbrenner in den Diskussionen der Bildungsanbieter. Achten Sie darauf, dass im Lehrplan Ihres Anbieters beides nicht zu kurz kommt. Fallbeispiele illustrieren theoretische Analysen und sichern den Praxistransfer. Je nach Länge und Art Ihres Onlinekurses können auch Präsenzphasen sinnvoll sein.

Lehrpersonal

Wenn Sie besonderen Wert auf Theorie oder Praxis legen, besorgen Sie sich Informationen über das Lehrpersonal. Kommen die Lehrer aus der Forschung? Sind es Praktiker, die neben ihrer Lehrtätigkeit noch einen anderen Beruf haben?

Aktualität

Ist der Lernstoff aktuell? Es ist bekannt, dass viele traditionelle Fernstudienunternehmen jahrelang das gleiche Material verwenden. Als Argument werden die hohen Kosten für das neue Erstel-

Wichtig zu wissen

len von Lehrmaterial angeführt. Diese Ausrede haben Online-Anbieter nicht. Hier kann und soll das Material aktuell sein.

Wichtig: Achten Sie auf veraltete Literaturhinweise und überholte Programmversionen. Viele Anbieter haben in ihren Fußnoten Aktualisierungsangaben. Seien Sie besonders aufmerksam bei Anbietern von Kombinationsausbildungen aus Onlinekurs und traditionellem Fernkurs. Diese müssen nicht schlecht sein. Aber es besteht die Gefahr, dass veraltete Angebote nur technologisch „aufgewertet" werden. Die Möglichkeit, seine Hausaufgaben elektronisch einzusenden, ist kein Ersatz für aktuelle Inhalte.

Akkreditierung

Ein Punkt, der vor allen Dingen für amerikanische Universitäten wichtig ist. Die Akkreditierung sagt aus, dass die Schule und das Curriculum nach bestimmten Kriterien geprüft sind und einem Mindeststandard genügen. Obwohl sich über Sinn und Unsinn des Akkreditierungswesens streiten lässt, gilt: Für Arbeitgeber ist die Akkreditierung ein Gütesiegel, und wenn Sie die Universität wechseln wollen, haben Sie bei einem nicht akkreditierten Anbieter schlechte Karten. Achten Sie auf die Akkreditierung. Ein Großteil der Anbieter ist nicht offiziell zugelassen!

Wichtig: Fragen Sie: Ist der Anbieter akkreditiert? Und wenn ja, von wem? Denn um es noch komplizierter zu machen, gibt es eine Reihe von Akkreditierungsorganisationen, die nicht offiziell anerkannt sind. Es gibt nur zwei Stellen, die diese Akkreditierungsorganisationen offiziell zulassen: Das „U.S. Department of Education" und die „Commission on Recognition of Postsecondary Accreditation" (COPRA). Bei diesen Stellen können Sie erfahren, ob die Organisation, die Ihr Wunschcollege zugelassen hat, offiziell anerkannt ist.

Auf Zeugnisse achten

Wenn Sie Ihren Kurs ausgewählt und später erfolgreich abgeschlossen haben, wollen Sie Ihre Leistung natürlich auch dokumentiert sehen. Von der Art der Dokumentation hängt möglicherweise Ihre nächste Beförderung ab. Deshalb ist wichtig: Wie sieht das Zeugnis aus?

Profi-Tipp:

Zeugnisse sollten unbedingt die einzelnen Lernabschnitte aufzählen. Als Faustregel gilt: je länger der Kurs, desto detaillierter. Weiterhin sollten Zeugnisse selbstverständlich qualifiziert sein, das heißt eine klare Aussage über Ihre Leistung enthalten. Tun sie das nicht, sind sie keine Zeugnisse, sondern Bescheinigungen. Ob bei einem bestimmten Kurs eine Bescheinigung oder ein qualifiziertes Zeugnis sinnvoll ist, hängt von der Länge des Kurses ab und davon, welche Bedeutung der Kurs für Ihren Lebenslauf hat.

Ein qualifiziertes Zeugnis für das Erlernen von „Word for Windows" ist sicherlich nicht sinnvoll. Übrigens: Lassen Sie sich auch bei reinen Online-Kursen ein Zeugnis nicht per E-Mail zuschicken.

Soweit Frank Buschs Empfehlungen.

Kleiner Einführungskurs ins Chatten

Chatten – das gehört zum Web-based Training wie die geschäumte Milch zum Capuccino! Chatten ist das Plaudern im Internet. Online-Studenten und virtuelle Kursteilnehmer haben zu vorher vereinbarten Zeiten die Gelegenheit, sich mit Hilfe ihrer Computer auszutauschen: Max sitzt dabei vielleicht im Schlabber-T-Shirt und mit dem abendlichen Glas Bier in Castrop-Rauxel vor seinem Lap-

Wichtig zu wissen

top, Steven in Anzug und mit Krawatte im Büro in New York und Alison im fernen Australien hat noch den Schlafanzug an, weil sie gerade erst aufgestanden ist.

Ihr virtueller Meeting-Point heißt Chatroom. Solche Chatrooms gibt es zuhauf im Web: für jedes Problem, für jedes Hobby, für Lernende, für Liebeshungrige, für Philosophen, Sportler und Mütter, für Minutenflirts – und für jeden Mist. Es gibt Chatrooms, in denen das neueste Outfit von Stefan Raab ausgiebig besprochen wird und solche, in denen die Politik der späten Neunziger Jahre des letzten Jahrhunderts analysiert wird. Das unendliche Universum deutscher Vereinsmeierei unterhält hier ebenso wie die internationalen Communities zahllose Orte zum Online-Palaver für ihre Internet-Gemeinden.

Wichtig: Als Chatter geben Sie sich einen Phantasienamen, einen Nickname, ein Alias. Das ist für Tele-Lerner eine tolle Gelegenheit, die Allgemeinbildung unter Beweis zu stellen. Wie wäre es beispielsweise mit „Einstein" oder mit „Newton", mit „Homer" oder „Galilei"? Ein männliches Inkognito ist besonders für Frauen interessant, die nicht gleich als solche erkannt werden wollen – und umgekehrt. Sie dürfen selbstverständlich auch ihren eigenen Vor- oder Nachnamen verwenden. Aber wer will das schon in Anbetracht des Verlustes an Spaß, der mit der „Verkleidung" immer auch einhergeht.

Im Chatroom der Online-Schüler ist es üblich, dass man sich begrüßt und möglichst kurz und bündig miteinander „schwatzt":

- Einstein: Bist Du bei der letzten Aufgabe durchgekommen?
- Homer: Nur bis 3.2. Ich habe den Rest nicht begriffen.
- Galilei: Ha, ha, steig' aus, läute die Glocke!
- Newton: Wir sind hier keine Ausbildungstruppe der Armee, erklär' ihm lieber, was 3.3. meint.

Kleiner Einführungskurs ins Chatten

Bei einem solchen „Gespräch" können die im folgenden Abschnitt behandelten Zeichenfolgen und Abkürzungen zur Illustration verwendet werden. Keine Bange, das machen auch die Betreuer, die mit Ihnen im Chatroom sind. Seien Sie nicht überrascht, wenn Sie auf eine Frage oder eine Bemerkung gleich Antworten von mehreren Mit-Chattern bekommen oder sich andere ohne Sie über Ihren Beitrag weiter „unterhalten". Das ist ja gerade das Interessante, dass nicht nur eine Meinung oder eine Antwort gilt, sondern mehrere. Wenn Ihnen das Durcheinander zu viel wird und Sie das Thema mit nur einem oder einer der Online-Gesprächspartner fortsetzen möchten, dann können Sie sich entweder über E-Mail weiter „unterhalten" oder die Telefonnummern austauschen und so direkt in Kontakt treten.

Kleine Feinheiten in der elektronischen Kommunikation

Virtuelles Studieren und das Lernen im virtuellen Klassenzimmer, der Austausch mit anderen Online-Kursteilnehmern und mit Dozenten und Tutoren konfrontiert Sie mit einer neuen Form der Kommunikation: über E-Mail und Chatten. Damit wird zunächst aber etwas ganz Wichtiges ausgeschaltet, was verbale und nonverbale Kommunikation auszeichnet: die „Begleitmusik", also die Klangfärbung der Stimme und der Rhythmus der gesprochenen Sätze sowie die Mimik und die Gestik, die zusätzlich dem Gesagten Ausdruck verleihen.

„Emoticons" und „Smileys"

Wie aber eine E-Mail mit feiner Ironie, leisen Untertönen oder scharfer Prononcierung versehen? Wie im Chat heftige Erregung oder vage Emotionen in Worte fassen? Profis der elektronischen Kommunikation haben dafür einen Weg gefunden: Mit einer Vielzahl von kleinen Zeichen, so genannten Emoticons (einer Zusam-

Wichtig zu wissen

menziehung der Begriffe Emotions = Gefühle und Icons = Bilder) reichern sie ihre Texte emotional an. Mehr als 300 solcher Smileys und Midgets (englisch: Kleiner Mensch, Lilliputaner) sollen im Gebrauch sein. Sie drücken Heiterkeit aus wie das kleine lachende Gesicht aus Doppelpunkt, Bindestrich und schließender Klammer :-) oder ein breites Grinsen, wenn sich die Klammer verdoppelt :-)) oder Erschrecken mit der Kombination :-o.

Umfangreiche Sammlungen solcher Icons können Sie sich von verschiedenen Homepages herunterladen. Die meisten haben Schüler oder Studenten erstellt. Wenn Sie Suchmaschinen wie Altavista oder Yahoo unter den Stichworten „Emoticons" und „Smileys" suchen lassen, werden Sie garantiert fündig.

„Three Letter Acronyms": Die wahre Geheimsprache des Internets

In Newsgroups, beim Chatten und E-Mailen werden Sie vielleicht aber noch mit anderen „Hieroglyphen" konfrontiert. Dann nämlich, wenn der „Emotionstransfer" mit so kryptischen Abkürzungen wie ROFL oder RTFM oder FOAD erfolgt. Dann haben Sie es mit „Internetakronymen" oder „Three Letter Acronyms" (TLA = Drei-Buchstaben-Akronyme) zu tun, der wahren Geheimsprache des Internets. Hinter ROFL verbirgt sich zum Beispiel „Rolling on the Floor Laughing" (vor Lachen auf dem Boden liegen), eine Steigerung von LOL – Laughing out loud (herzhaft lachen). Weniger vornehm ist dagegen RTFM, im Klartext „Read that fucking Manual" (Mensch, schau halt ins Handbuch!) und noch weniger FOAD, mit dem gelegentlich unliebsame Chatter vertrieben werden: frei übersetzt „Verpiss dich!"

Uwe Kalinowski ist Linguistik-Experte und begeisterter Chatter. Er hat sich in einer Hauptseminararbeit an der Technischen Universität Braunschweig intensiv mit dem Emotionstransfer in der elektronischen Kommunikation befasst. Wer Kontakt mit ihm aufnehmen und die Online-Version seiner Arbeit studieren möchte, kann dies unter **http://www.netzberater.de/emoticon** tun. Und auch zum Stichwort „Akronyme" liefern Ihnen die Suchmaschinen noch viele weitere interessante Abkürzungen.

Messen als Informationsplattform

Alle wichtigen Computer- und Bildungsmessen gelten mittlerweile als eine ausgezeichnete Plattform, um sich über E-Training-Angebote, über Lernumgebungen und Multimedia-Entwicklungen zu informieren. Darüber hinaus gibt es zahlreiche Kongresse und Tagungen, die sich dem Thema widmen – nicht selten terminlich gekoppelt an eine solche Messe. Die aktuellen Termine und Veranstaltungsorte erfahren Sie aus dem Internet:

Aktuelle Messen	
http://www.didacta.de	Interschul/didacta
http://www3.cebit.de	CeBIT Hannover
http://www.learntec.de	LearnTec Karlsruhe – mit Kongress
http://www.dmmk.de	Multimedia-Market und Dt. Multimedia-Kongress Stuttgart
http://www.edutain.de	Edut@in und Europäisches Planspielforum Karlsruhe
http://www.iir.de	IIR-Konferenz „Effizienter Einsatz interaktiver Medien in der betrieblichen Aus- und Weiterbildung"

Wichtig zu wissen

Ihre individuellen Favoriten

Je öfter Sie im Internet unterwegs sind, umso häufiger werden Sie auf Websites stoßen, die auf den ersten Blick nicht ursächlich etwas mit Ihren Weiterbildungswünschen oder Ihrer Wissensneugier zu tun haben. Und doch verweilen Sie eine Weile, lesen mal dies, mal das, klicken sich weiter und weiter, und finden auf Ihrer „Tour d'Internet" ganz en passant Wertvolles für Ihre Lernreise.

> **Profi-Tipp:**
>
> Vergessen Sie dann nicht, über die Menüleiste Ihres Web-Browsers solche Sites als „Bookmark" oder als „Favorit" zu speichern. Mit der Zeit erhalten Sie so ein eigenes kleines Lesezeichen-Lexikon, das Ihnen bei bestimmten Problemstellungen am Arbeitsplatz oder bei Kurs-Übungen weiterhelfen kann.

Etliche Firmen bedienen sich bereits dieser Wissens-Management-Methode. Die Kölner Agentur Denkwerk hat aus der gängigen Praxis der Lesezeichen-Sammlungen vor einem Jahr sogar ein Geschäft entwickelt. Unter **http://www.oneview.de** bietet sie ihrer Kundschaft an, die jeweiligen Bookmarks passwortgeschützt im Internet abzulegen, um so jederzeit und überall an die Sammlung heran zu kommen. Nutzer können ihre Favoriten aber auch jedermann zugänglich machen. Also ist Oneview gleichzeitig ein Suchwerkzeug. Die Agentur hat bereits Preise für ihre Geschäftsidee eingeheimst: den Deutschen Multimedia Award in Silber und die World-Medal des New-York-Festivals.

Noch eine andere Firma, die Netzpiloten AG **(http://www.netzpiloten.de)**, bietet eigene Bookmarks-Sammlungen an, neben ihrem Hauptgeschäft: Führungen durchs Internet.

Ein wenig Statistik*⁾

Sie sind nicht allein: Schätzungsweise über 20 Millionen Frauen und Männer nutzen zur Zeit in Deutschland die Möglichkeit des Internets. Wie aus einer Studie der Beratungsgesellschaft ComCult.de hervorgeht, werden die Websites im Themenspektrum Bildung am zweithäufigsten aufgesucht – nach den Seiten „Nachrichten und Magazine". Im Vergleich zu den Vereinigten Staaten und den nordeuropäischen Ländern liegt Deutschland bezüglich der Nutzung jedoch weit abgeschlagen: Bisher nur etwa 10 Prozent der Bevölkerung surft regelmäßig im Cyberspace. In Island, Schweden, Dänemark und Norwegen sind es jeweils mehr als ein Drittel. Mehr dazu unter **http://www.comcult.de/ccstudie**

Die DENIC-Datenbank, die unter **http://www.denic.de** Informationen über die Internet-Anschlüsse auflistet, hat am 19. 06. 2000 insgesamt 2,495373 Millionen deutsche Domains ausgewiesen. Weltweit waren zu Beginn dieses Jahrhunderts 72,4 Millionen Hosts am Netz. Der so genannte RIPE-Hostcount, die Statistik, die alle permanent ans Internet angeschlossenen Computer ermittelt, zählte im RIPE-Bereich (Europa, der Mittlere Osten, Teile Asiens und Nordafrika) zur gleichen Zeit annähernd elf Millionen Hosts, in Deutschland waren es rund 1,7 Millionen.

Wer sich für Internet-Statistiken interessiert, findet viele interessante Daten über die Nutzer und deren Gewohnheiten unter **http://www.internet-shop.de/browser4.html**

---

*⁾ Stand: Juli 2000

„Last-Minute"-Adressen

Virtuelle Universitäten und Hochschulen

http://www.studieren-im-netz.de
Uni-Portal; Von der Bund-Länder-Kommission geförderte Website mit Online-Kursen.

http://www.virtugrade.uni-tuebingen.de
In (Internet-)Seminaren, virtuellen Graduiertenkollegs, Planspielen und Simulationen wird mediengestütztes Lehren und Lernen mit Studierenden höherer Semester und Graduierten geübt.

http://www.vvl.de/VVL/index.html
Ein ingenieurwissenschaftliches Gemeinschaftsprojekt baden-württembergischer Fachhochschulen. Ausgehend von echten Hochschullaboratorien mit Robotern, Laborgeräten und Werkzeugmaschinen werden virtuelle Laboratorien entwickelt und Laborexperimente im Bereich Fernwartung und Fernsteuerung von Maschinen erarbeitet.

http://www-ra.informatik.uni-tuebingen.de/bioinformatik/
Neuer interdisziplinärer Studiengang „Bioinformatik" der Uni Tübingen. Verbindet die Methoden und Werkzeuge der Informatik mit den Anwendungsfeldern Biologie, Chemie und Pharmazie. Wird von Beginn an multimedia-gestützt angeboten. Unter Beteiligung des Deutschen Krebsforschungszentrums Heidelberg.

http://www.edutech.ch/edutech
Im Aufbau befindlicher Virtueller Campus der Schweiz mit bisher 27 geprüften Projekten.

Sprachen

http://www.chancen.net/rundumstudium/ausland/englischtest/introduction_fs.html
Online-Service für den Fach- und Führungsnachwuchs der Frankfurter Allgemeine Zeitung. Bietet interaktiven Englisch-Test als Download, der sich an den offiziellen Sprachtests amerikanischer Universitäten orientiert.

Technik

http://www.global-learning.de/g-learn/providers/imc

- Kurs: Integrierte Informationssysteme
- Kurs: Informationstechnologien
- Kurs: Standardsoftwarekonzepte

http://www.global-learning.de/g-learn/magazin

TZ-Akademie plant eine arbeitsamtgestützte Weiterbildungsmaßnahme „Telepolis" mit Präsenz und Online-Phasen. Auch interessant als Konzept für solche Maßnahmen.

http://www.tecnologix.net

Ein Online-Lexikon für technische Begriffe, zusammengestellt von der Aixonix GmbH in Aachen, in deutsch und englisch. Einige Übersetzungen klingen kurios, aber meist findet sich unter der Rubrik „Alternative Übersetzung" der richtige Begriff. Teil eines Fachportals für Ingenieure, das gerade aufgebaut wird.

Teamentwicklung

http://www.online-script.de
http://www.teamentwicklung24.de

Interessantes zur Teamentwicklung des Fachbereichs Wirtschaft der Fachhochschule Münster.

Management und Business

http://www.global-learning.de/g-learn/providers/imc

Kurs: Geschäftsprozessmanagement

http://www.global-learning.de/g-learn/providers/netyoucation

Die TÜV-Akademie bietet zwei neue Kurse an:

- „Personal Internet Coaching" – eine neues Trainingskonzept für Führungskräfte
- Online-Redakteur

„Last Minute"-Adressen

http://www.global-learning.de/g-learn/providers/skin

SKIN hat neue bzw. neu konzentrierte Kurse mit Microsoft- und Cisco-Zertifizierungen.

http://tias.kub.nl/information/imm

Joint Venture von drei Business-Schools. Sechs zweiwöchige Präsenzseminare mit Internet-Kommunikation während der Zwischenzeiten. Beteiligt sind die Purdue University, USA, die Tilburg University, Holland, und die Budapest University of Economic Sciences in Ungarn.

http://www.topmba.com
http://www.aacsb.edu
http://www.garage.com

Drei Websites mit Informationen zur Ausbildung zum Master of Business Administration.

Bewerbung

http://www.jova-nova.com

Fröhlich gestaltete Website mit vielen nützlichen Arbeitshilfen. Sie können sich ein Arbeitsblatt zur Analyse von Stellenofferten downloaden, einen „Fragenkatalog für Wissenswillige" ausfüllen oder einen Vorbereitungstext für das Jobinterview machen.

http://www.akademischerdienst.de/adbpers.htm

Wissenswertes zu den Themen Anschreiben, Bewerbungs-Optimierung, Vorstellungsgespräch und Assessment-Center (AC). AC-Test zum herunterladen.

http://www.authetisch-bewerben.de

Online-Hilfestellungen für das Bewerbungsgespräch, die Gestaltung des Lebenslaufs und eine Stärken-Schwächen-Analyse. Die Website geht auch auf persönliche Themen wie „Innere Kündigung" oder „Kreative Pausen" ein.

„Last-Minute"-Adressen

http://www.focus.de/D/DB/db.htm

FOCUS-Homepage rund um Beruf & Karriere. Nützliche Tipps zu Jobsuche und Bewerbung, beispielsweise Verhandlungstechniken (Grundprinzipien; die häufigsten Gesprächskiller; Fragen, die Sie vorab beantworten sollten) oder ein Test mit 330 typischen Fragen aus einem Assessment-Center-Trainingsverlauf.

http://www.handelsblatt.de/karriere/bewerb/bewerb.htm

Internet-Karriere-Service des Handelsblatts: Wie Sie Ihre Bewerbungsmappe auf Vordermann bringen. Dazu Tipps fürs Vorstellungsgespräch. Personalchefs plaudern aus dem Nähkästchen. Außerdem: „Applying for a job in English".

http://www.stepstone.de

Bewerbungs-ABC von A wie Anschreiben bis Z wie Zeugnisse.

Sonstiges

http://www.mfg.de/index.php3?id=6922

Online-Praktikumsbörse der Medien- und Filmgesellschaft Baden-Württemberg. Zur Zeit befinden sich in der Online-Praktikumsbörse etwa 150 Angebote und rund hundert Gesuche.

http://www.mmb-michel.de

Ergebnisse einer Untersuchung der MMB Michel Medienforschung und Beratung, Essen, und des Psephos-Instituts für Wahlforschung und Sozialwissenschaft, Hamburg, zum Einsatz von Multimedia in der Weiterbildung in kleinen und mittleren Unternehmen in Deutschland.

http://www.fortbildung.bw

Internet-Plattform und „Straße durch den Weiterbildungsdschungel" des Landesgewerbeamts Baden-Württemberg mit derzeit 20 000 aktuell angebotenen Kursen und Lehrgängen von rund 1 200 Bildungseinrichtungen.

Literaturhinweise

Buhre, Werner Anselm/Zoubek, Dieter: Go Cyberspace, Überreuter Verlag

Busch, Frank: Der Internet-Guide Wissen und Weiterbildung, mvg-verlag

Busch, Frank: Der Internet-Guide fürs Büro, mvg-verlag

FrauenUmweltNetz (Hrsg.): Computervernetzung für Frauen, Mailboxen, Internet und alles andere, Ein Handbuch für Einsteigerinnen, eFeF-Verlag

Fuzinski, Alexandra/Meyer, Christian: Chef-Checkliste Internet, Metropolitan Verlag

Gottwald, Franz-Theo/Sprinkart, K. Peter: Multi-Media Campus, Die Zukunft der Bildung, Metropolitan Verlag

Issing, L. J./Klimsa, Paul: Informationen und Lernen mit Multimedia, Beltz-Verlag

Kaiser, Ulrich: Handbuch Internet 2000 (inkl. CD-Rom), Heyne Verlag

Klimsa, Paul: Multimedia – Anwendungen, Tools und Techniken, rororo-Verlag

Koch, Svenja: Stellensuche und Bewerbung im Internet. Jobbörsen – Suchstrategien für alle Berufe – Die Bewerbung online und offline, Humboldt Taschenbuchverlag

Krichbaum, Jörg (Hrsg.): Deutsche internetadressen.de – Mit mehr als 4000 Links ohne Umwege auf die richtige Website, Edition Arcum

Kronenberg, Friedrich: FAQ Internet – Antworten auf Frequently Asked Questions, bhv Verlag

Lippert, Werner (Hrsg.): Online-Strategien, Metropolitan Verlag

Lippert, Werner (Hrsg.): Annual Multimedia, Metropolitan Verlag

List, Karl-Heinz: Kreative Jobsuche, Fit for Business/Walhalla Fachverlag

List, Karl-Heinz/Huber, Christine M.: E-Mail-Bewerbung, Fit for Business/Walhalla Fachverlag

Metzger, Roland/Funk, Christopher: Bewerben im Internet, Stellenangebote und Bewerbungen online, Falken Verlag

Meyer, Susanne: Women's Links – Das kommentierte Internet-Adressbuch 2000, Orlanda Verlag

Pusch, Thorsten: Das Einsteigerseminar Internet, bhv Verlag

Reischl, Gerald/Sundt, Heinz: Die mobile Revolution, Überreuter Verlag

Rosenbaum, Oliver: Chat-Slang, Lexikon der Internet-Sprache, Hanser-Verlag

Christa van Winsen

arbeitet als freie Projektleiterin und Beraterin für namhafte Unternehmen und Non-Profit-Organisationen sowie für Verwaltungen und organisationsübergreifende Initiativen. Sie initiiert, gestaltet und leitet vor allem innovative Projekte in der Jugendförderung und in der Personalentwicklung, Mentoring-Programme, Leadership-Foren und modulare Führungsentwicklungen.

Als Beraterin begleitet sie Führungskräfte und Teams in Zukunftsfeldern und während Veränderungsprozessen. Darüber hinaus steht sie ihren Geschäftspartnern und Klienten in wichtigen und schwierigen Verhandlungen sowie bei Veranstaltungen als erfahrene Moderatorin zur Seite. Ihre professionelle Haltung basiert auf systemischem Denken und Handeln.

Das Thema Lernen hat Christa van Winsen in einigen Großprojekten bereits eindrücklich in den Vordergrund gerückt, z. B. in den Projekten

- Schulen im Wandel
- Generation Y – Lebensorientierung für Jugendliche
- Baden-Württembergischer Mädchen-Technik-Tag
- Baden-Württembergisches Unternehmerinnen-Forum

Weitere Informationen erhalten Sie gerne:

Christa van Winsen
Prozessgestaltung – Coaching – Moderation
Reinsburgstraße 35 b
D-70178 Stuttgart
Tel.: 07 11/61 70 33
Fax: 07 11/6 15 09 65
E-Mail: winsen@mail.region-s.de
http://www.region-s.de/firmen/winsen

Stichwortverzeichnis

Akkreditierung 160
Akronyme 165
Aktualität 159
Animationen 23

Bankakademie Frankfurt 66
Banking 66
Betreuung 157
Beziehungskapital 49
Bibliotheken 144
Bildungsforum 95
Bildungsinstitut für Berufsbildung 151
Bildungsmessen 69
Bildungsserver 89
Busch-College 94
Business Economics 136
Business Engineer 114
Business-Simulationen 76

CBT 22, 81
CD-Rom-Laufwerk 40
Chatroom 48
Chatten 161
Computer- und Bildungsmessen 165
Computer-based Training 81
Computergestütztes Training 22
Curriculum 159

DaimlerChrysler 58, 61
Datenkommunikation 58
Deutsche Telekom 58
Deutscher Lernsoftware-Server 96
Digitale Lernprogramme 80
Distance Learning 51
Distance Learning Channel 90
Dozenten 49

E-Business 58
E-University 103
Eigenmotivation 45
Electronic-Business 127
Electronic-Commerce 115
Emoticons 163
Extranet 84

Fernlehrkurse 93
Fernuniversität Hagen 109
Fernunterricht 46
Firmenspezifische Lernarchitekturen 73
Frauenuniversität 139
Fremdsprachen-Kurse 122

Geisteswissenschaften 137
Global Learning 91
Global Players 58
Globaler Bildungsmarkt 104
Grafik- und Soundkarte 40

Hardware-Voraussetzungen 40
High Potentials 75

IBM 58, 59
ICDE 83
Informatik 115
Informations- und Kommunikationstechnik 126
Inhouse-Trainings 36
Integrata Training 72
Interaktive Übungen 23
Interaktivität 154
International Council for Open and Distance Education 83
Internet-Akademie 86, 129
Internetakronyme 164

Stichwortverzeichnis

Internetdienste 84
Intranet 84, 156
Intuition 22
ISDN-Karte 40

Junkmail 152

Knowledge Management 24, 135
Kompetenzen
 – Lernkompetenz 16
Kompetenzmix 34

Lean Education 35
Learning near the job 17
Learning on demand 17
Learning on the job 17
Lebenslanges Lernen 12
Lehrpersonal 159
Lern-Revolution 70
Lerneigenschaften 43
Lernende Organisation 71
Lerngruppen 48
Lerninhalte 158
Lernkompetenz 16
Lernmuster 43
Lernpartnerschaften 47
Lernpensum 46
Lernsetting 23
Lernsoftware 24, 148
Lerntandems 47
Lernverhalten 17
Lernwelten der Zukunft 13

Man Power 58
Managerial Leadership 136
Mediziner 131
Messen 165
MindEdge.com 93
Modem 40
Multi-Media Campus 14, 30
Multimedial 23

Nachschlagewerke 144
NBT 80
Netzgestütztes Training 22
Netzwerke 49

Online-Coach 52
Online-Education 105
Online-Gebühren 41
Online-Lernangebote 36
Online-Mentorinnen 143
Online-Nachschlagewerke 67
Online-Seminare 80
Online-Sortimenter 89
Online-Sprachkurse 121
Online-Stipendium 116
Online-Weiterbildung 100
Online-Wissenstransfer 58

Personal-Partnership 47
Personalentwicklung 58, 132
Planspiele 75
Präsenzunterricht 48
Praxisnähe 159
Preisvergleich 149
Probeunterricht 157
Projektmanagement 134

Qualitätskriterien 152
Qualitätsstandards 102

Referenzen 156
Ressourcenorientierung 34
Robert Kennedy University 120

SAP 58
Schulen 29
Seilschaften 49
Selbstaktives Lernen 45
Serien-Mail 152
Siemens 58
Simulationen 75

Stichwortverzeichnis

SMG Strategic Management Group 76
Smileys 163
Staatliche Zentralstelle für Fernunterricht 151
Standleitung 41
Studium 83
Suchmaschine 86

Teambildung 137
Teamentwicklung 137
Tele-Akademie 78, 127
Tele-Lernen 103
Tele-Tutoren 51
Telefongebühren 150
Telelearning 82
Teleteaching 82
Theorie-Praxis-Transfer 21

Unicon 78
Unicum online 95
University of Phoenix Online 117
University of Southern Queensland 118
Unternehmensführung 132, 136

Vergesellschaftung des Wissens 14
Vernetzung 154
Verräumlichung des Wissens 14
Vertragsgestaltung 153
Verzeitlichung des Wissens 14

Virtuelle Seminare 80
Virtuelle Teams 58
Virtuelle Universitäten
 – ausländische 117
 – deutsche 109
Virtuelles Doktoranden-Kolloquium 115
Virtuelles Klassenzimmer 48
Virtuelles Studium 83, 102

WBT 22, 80
Web-based Management Development 58
Web-based Training 80
Web-Kurse 80
Weiterbildungskosten 37
Weltbewusstsein 21
Werbemethoden 153
WinfoLine 113
Wirtschaftsinformatik 113, 114
Wissen
 – explizites 22
 – implizites 22
Wissens-Broker 54
Wissensgesellschaft 13
Women's Business Center 143

Zahnheilkunde 131
Zeugnisse 161
ZFU-Ratgeber für Fernunterricht 97